Sabine Wacker/Sascha Fassott

Basenfasten.
Das Kochbuch deluxe

Die Autoren

SABINE WACKER 18 Jahre, knapp 20 Bücher, über 200 ausgebildete Basenfasten-Berater, die ersten Basenfasten-Hotels und unzählige begeisterte Fans: Das ist Sabine Wackers Basenfasten-Erfolgsgeschichte. Ihre Methode, die sie selbst gerne »Fasten mit Biss« nennt, gehört längst zu den beliebtesten Fastenarten im deutschsprachigen Raum. Kein Wunder – es gibt kaum eine einfachere und alltagstauglichere Art, den Körper zu entgiften und sich etwas richtig Gutes zu tun. Wenn das Ganze dann noch »deluxe« geschieht, dann macht es richtig Spaß und wird zum Genussfest!

Frau Wacker ist Heilpraktikerin mit Medizinstudium und erstem Staatsexamen. Sie leitet seit 1994 eine Praxis in Mannheim, wo sie gemeinsam mit ihren Söhnen lebt, in ihrer basischen Küche neue Rezepte erprobt – und mit großer Begeisterung Tango tanzt.

Seine Ausbildung zum Koch absolvierte SASCHA FASSOTT im Maritim Parkhotel in Mannheim. Dort war er anschließend auch als Junior-Souschef tätig, bevor ihn sein beruflicher Weg unter anderem ins Steigenberger Hotel Mannheimer Hof und ins Lindner Hotel & Spa Binshof führte. Aktuell ist er Küchenchef im KALIPEH Guesthouse Walldorf. Er bekochte bereits Prominente wie Udo Lindenberg, Steffi Graf oder Pink Floyd – und hat auch für außergewöhnliche basische Rezepte ein gutes Händchen! Wenn er gerade nicht hinter dem Herd steht, verbringt er gerne Zeit mit seiner Familie, reist mit Vorliebe nach Sizilien oder pflegt die pfälzische Lebensart.

Sabine Wacker/Sascha Fassott

Basenfasten.
Das Kochbuch deluxe

VORWORT

6

GAUMENKITZEL DELUXE

ENTSCHLACKEN DELUXE

GLOSSAR

REGISTER

Vorwort

»BASENFASTEN DELUXE« – zugegeben, beim Anblick der köstlichen Kreationen in diesem Buch wirkt der Begriff »Fasten« beinahe schon ein wenig Fehl am Platz! Denn mein Lieblingskoch Sascha Fassott und ich möchten Ihnen mit unseren Rezepten zeigen, wie man aus rein basischen Zutaten Menüs auf Gourmetniveau zaubern kann, die einen völlig vergessen lassen, dass man gerade mit etwas beschäftigt ist, das bei vielen Menschen eher Begriffe wie »Verzicht« oder »Entbehrung« hervorruft. Und wer nun an komplizierte und langwierige Koch-Arien denkt, der kann ganz beruhigt sein: Die Rezepte gelingen wirklich jedem und Sie brauchen keine Ausbildung in der Sterneküche absolviert zu haben! Auch in diesem Buch bleibt es also bei dem, was ich schon immer sage: Basenfasten geht ganz einfach.

Schon als ich Basenfasten vor mehr als 18 Jahren entwickelt habe, war es mir ein großes Anliegen, dabei den Genuss in den Vordergrund zu rücken. Ich bin manchmal erstaunt, wie oft ich Menschen begegne, denen nur das lecker erscheint, was ungesund ist und dick macht. Das muss nicht sein! Mit ein wenig Phantasie und Lust am Kreativen können auch »nur« mit Obst und Gemüse, mit Kräutern und Sprossen, die leckersten Gerichte gezaubert werden. Sascha Fassott, den ich im Steigenberger Hotel in Mannheim kennengelernt habe, als ich dort für meine Basenfasten-Beraterausbildung gebucht habe, ist einer dieser Köche, die aus basischen Zutaten wahre deluxe-Menüs zaubern und jeden zum Schwärmen bringen können. Ich war damals völlig begeistert, wie schnell er mein Konzept verinnerlicht hatte und mit wie viel Lust und Kreativität er im Handumdrehen tolle basische Rezepte kreieren konnte. So ist dann auch die Idee zu diesem Buch entstanden, in dem er Ihnen einige seiner basischen Kreationen vorstellt und Sie hoffentlich zum Nachkochen animiert.

Die Rezepte sind teilweise exotisch und entsprechen nicht unbedingt immer den strengen Wacker-Regeln, was die Regionalität der verwendeten Zutaten angeht. Allerdings gibt es für solche Fälle auch ein Glossar hinten im Buch. Immer, wenn in einem Rezept eine etwas ungewöhnlichere Zutat verwendet wird, empfehle ich Ihnen, einen Blick ins Glossar zu werfen. Dort wird erstens diese exotische Zutat beschrieben und eventuell eine Bezugsquelle genannt – und gleichzeitig erhalten Sie Tipps, durch welche ganz gängigen Zutaten sie ganz unkompliziert ersetzt werden kann.

Außerdem war es uns wichtig, die Saisonalität von Lebensmitteln zu berücksichtigen, weshalb wir das Buch nach den vier Jahreszeiten aufgebaut haben. Entdecken Sie erfrischend-leichte Gerichte für heiße Sommertage oder wärmende Wohlfühlgerichte für einen lauschigen Winterabend. Lassen Sie sich von »Basenfasten deluxe« durch das Jahr begleiten und entdecken Sie immer wieder etwas Neues, das zum aktuellen Angebot auf dem Wochenmarkt passt.

Alle Rezepte im Buch sind rein basisch und daher durchaus für Ihre Basenfasten-Kur auf Gourmet-niveau geeignet. Außerdem sind sie so raffiniert und außergewöhnlich, dass sie sich auch auf jeder festlichen Tafel wunderbar machen und zu jedem Fest mit Freunden oder der Familie passen. Denn wer sagt denn, dass Gäste immer nur Saures wollen? Hinter dem Rezeptteil finden Sie noch einen kleinen theoretischen Exkurs zum Basenfasten. Hier habe ich Ihnen noch einmal alle wichtigen Regeln zusammengefasst und gebe Ihnen Tipps, wie die Basenfastenkur zum Erfolg wird.

Danken möchte ich an dieser Stelle meiner Mitarbeiterin Melanie Draganis, die mich beim Text und Recherchieren der exotischeren Lebensmittel tatkräftig unterstützt hat.

Viel Spaß beim Entdecken, Ausprobieren und Genießen – und guten Appetit!

Sabine Wacker

G

Gaumenkitzel deluxe

Früh-stücks-ideen

Basisch genießen beginnt gleich morgens nach dem Aufstehen: Ein leckerer vitaminreicher Smoothie aus frischen Früchten und Gemüse oder ein basisches Müsli mit Erdmandelflocken und saisonalem Obst sind die perfekten Muntermacher! Raffinierte Zutaten aus der basischen Küche sorgen schon beim Frühstück für immer wieder neue Geschmackserlebnisse. Lassen Sie sich von den Rezepten inspirieren, variieren Sie die Früchte je nach Jahreszeit und Ihren persönlichen Vorlieben.

Grundrezept Basisches Müsli

2 Sorten frisches Obst nach Wahl – je nach Jahreszeit und Verträglichkeit, beispielsweise 1 Banane und 2 Scheiben Ananas oder frische Johannisbeeren. Auch etwas ungeschwefeltes Trockenobst, Walnüsse oder Sonnenblumenkerne sind möglich. 2 TL Erdmandelflocken (Seite 154) (Chufasnüssli), Saft ½ Zitrone

Das Obst waschen, schälen und klein schneiden.

Die Fruchtstücke mit den Erdmandelflocken und dem Zitronensaft mischen und genießen.

Für 2 Personen,

fertig in 10 Minuten.

Green Food Smoothie

2 Orangen, ½ reife Banane, ½ Apfel, 1 Handvoll
Spinat, 1 EL Kokosmus (Seite 156), 1 TL Gerstengraspulver (Seite 155), 250 ml Wasser

Die Orangen halbieren und auspressen.

Die Banane, den ungeschälten, entkernten Apfel und
den Spinat mit dem Orangensaft, dem Kokosmus,
dem Gerstengraspulver und dem Wasser im Mixer
zu einem schönen grünen Smoothie pürieren. Ein
perfekter Start in den Tag!

Für 2 Gläser, fertig in 5 Minuten.

Pink Smoothie

1 Schale schwarze Johannisbeeren (oder Brombeeren), 2 Handvoll Spinat, 1 sehr reife Banane,
4 EL Erdmandelflocken (Seite 154), 250 ml Wasser

Johannisbeeren und Spinat waschen, die Banane
schälen.

Früchte und Spinat zusammen mit den Erdmandelflocken und dem Wasser in den Mixer geben und
zerkleinern.

Für 2 Gläser, fertig in 5 Minuten.

Bananen-Sellerie-Smoothie

3 Stängel Staudensellerie, 1 reife Banane, 1 kleine Orange, ½ Schale glatte Petersilie, 4 EL Hirsekeimlinge, 200 ml Wasser

Die Selleriestängel waschen, grob zerteilen und in den Mixer geben.

Banane und Orange schälen, die Orange von Kernen befreien.

Die Banane mit den Petersilienblättern, der Orange, den Hirsekeimlingen und dem Wasser in den Mixer geben und zerkleinern.

Für 2 Gläser, fertig in 8 Minuten.

Mango-Smoothie

2 reife, weiche Mangos, 1 Handvoll Pimpernelle (Seite 159), 1 Orange, 2 EL Erdmandelflocken (Seite 154)

Die Mangos schälen, das Fruchtfleisch vom Kern lösen und die Mangostücke in den Mixer geben.

Die Pimpernelle waschen, abtropfen lassen und zu den Mangostücken geben.

Die Orange schälen, von Kernen befreien und mit den Erdmandelflocken in den Mixer geben. Alle Zutaten zerkleinern und den Smoothie in schönen Gläsern servieren.

Für 2 Gläser, fertig in 8 Minuten.

Sommer-Obstsalat

½ Orange, 2 reife Pfirsiche, 2 reife Aprikosen, 1 Apfel (z. B. die Sorte Rubinette oder Topaz), 2 EL gehackte Mandeln

Die Orange auspressen und den Saft in eine Schüssel geben.

Die Pfirsiche und die Aprikosen waschen, entkernen und klein schneiden.

Den Apfel waschen, vierteln, entkernen und in dünne Scheiben schneiden.

Das Obst mit den Mandeln in die Schüssel geben und alles mischen.

Für 2 Personen, fertig in 8–10 Minuten.

Beeren-Obstsalat

½ Zitrone, 1 kleine Schale reife Bio-Erdbeeren, einige Himbeeren (alternativ: Stachelbeeren), 1 reife Banane, 2 EL Mandelblättchen, 1 EL Goji-Beeren (Seite 155) oder Heidelbeeren, ein paar Blätter Zitronenmelisse

Die Zitrone auspressen und den Saft in eine Schüssel geben.

Die Erdbeeren waschen, putzen und vierteln. Die Himbeeren waschen und halbieren. Die Banane schälen und in Scheiben schneiden.

Das Obst in die Schüssel geben und mit den Mandelblättchen und den Goji-Beeren mischen. Die Zitronenmelisseblättchen auf dem Obstsalat verteilen.

Für 2 Personen, fertig in 8 Minuten.

F

Frühling

Avocadocreme mit Marinade von getrockneten Tomaten und Kartoffelcroûtons

Zungenschmeichler

2 reife Avocados (Sorte Hass)

Saft 1 Zitrone

2 EL kalt gepresstes Olivenöl

Meersalz

schwarzer Pfeffer, frisch gemahlen

1 Schalotte

1 kleines Bund Basilikum

1 Eiertomate

10 g getrocknete sizilianische Rispentomaten

1 große festkochende Kartoffel

1 kleine Schale Rote-Bete-Sprossen

Die Avocados halbieren, entkernen, in Achtel schneiden und diese mit einem Messer schälen. Avocadoachtel mit dem Saft ½ Zitrone, 1 EL Olivenöl und den Gewürzen in einem Küchenmixer pürieren.

Schalotte in Würfel schneiden, Basilikum fein hacken und beides unter die Avocadocreme rühren. Die Creme kalt stellen.

Die Eiertomate in kochendem Wasser 10 Sekunden blanchieren, mit kaltem Wasser abschrecken und die Haut abziehen. Kerngehäuse entfernen und das Tomatenfleisch in Würfel schneiden.

Die getrockneten Tomaten in feine Streifen schneiden und zu den Tomatenwürfeln geben. Die Tomaten mit 1 EL Olivenöl und dem restlichen Zitronensaft marinieren und ziehen lassen.

Die Kartoffel waschen und schälen. In gleichmäßige Würfel (½ cm) schneiden und auf Backpapier bei 200 Grad ca. 20 Min. im Backofen rösten, bis sie leicht gebräunt sind.

Die Avocadocreme in kleine Gläschen spritzen, mit den eingelegten Tomaten bedecken und mit etwas Olivenöl beträufeln. Die noch warmen Kartoffelcroûtons darübergeben und mit Rote-Bete-Sprossen toppen. Als »Zungenschmeichler« vorweg servieren.

Für 2 Personen, fertig in 20–30 Minuten plus 20 Minuten Backzeit.

Steinpilzchampignon-Tatar mit Samen-Knäckebrot und Mungobohnensprossen

Egerlinge

20 g Leinsamen

20 g Chia-Samen

300 ml Wasser

20 g Sesamsamen

500 g Egerlinge (Steinpilzchampignons)

100 ml Rapsöl

1 Schalotte

1 kleines Bund Schnittlauch

1 kleines Bund glatte Petersilie

50 g Macadamianüsse

Saft von 2 Zitronen

Salz

Pfeffer, frisch gemahlen

250 ml Macadamianussöl

2 Eiertomaten

20 g Mungobohnensprossen

20 g Gartenkresse

Für das »Knäckebrot« die Leinsamen und die Chia-Samen im Wasser 1 Stunde quellen lassen. Chia-Samen, Sesam- und Leinsamen mit etwas Salz mit dem Stabmixer pürieren.

Das Samenpüree mit einem Löffel auf einem mit Backpapier ausgelegten Backblech dünn verstreichen und im Backofen bei 185 Grad so lange backen, bis das Wasser verdampft und das Knäckebrot leicht geröstet ist. Im Ofen auskühlen lassen.

Für das Pilztatar die Egerlinge putzen, vierteln, in Rapsöl anbraten und fein hacken. Die in Würfel geschnittene Schalotte, den in Ringe geschnittenen Schnittlauch und die gehackte Petersilie dazugeben. Die Macadamianüsse rösten, einen Teil für die Garnitur beiseitelegen, die übrigen fein hacken und unter die Pilze ziehen. Tatar mit Zitronensaft, Salz, Pfeffer und Macadamianussöl marinieren.

Die Eiertomaten blanchieren, häuten und vom Kerngehäuse befreien. Das Fruchtfleisch fein würfeln und unter das Pilztatar heben.

Die Mischung in einem Metallring in der Mitte eines Tellers anrichten. Obenauf die leicht mit Zitronensaft und Macadamianussöl marinierten Mungobohnensprossen drapieren.

Gartenkresse und Macadamianüsse locker auf den Sprossen verteilen, das gebrochene Knäckebrot, in das Tatar stecken und servieren.

Für 2 Personen, fertig in etwa 30 Minuten

plus 100 Minuten Quell- und Backzeit.

CHIA-SAMEN *sind wahre Powerkörner, die bereits den Maya als wertvoller Energielieferant dienten. Sie enthalten jede Menge Eiweiß und Calcium und sorgen wegen ihrer starken Quellfähigkeit für ein lang anhaltendes Sättigungsgefühl. Alternative hier: Leinsamen*

Staudensellerie gefüllt mit Aprikosenkernpüree und marinierte Rote Bete

Sticks Vital

2 große Rote-Bete-Knollen
(frisch oder vorgegart)

Kümmel

20 g Chia-Samen (Seite 153)

200 ml Mandelmilch

4 getrocknete Tomaten

100 g Aprikosenkerne
(Bioladen)

20 g Walnüsse

Salz

Pfeffer

1 ganzer Staudensellerie

Saft 1 Zitrone

50 ml geröstetes Arganöl

Kreuzkümmel

1 Schalotte

1 kleines Bund glatte Petersilie

1 Schale Alfalfa-Sprossen

Die Rote Bete in Wasser mit Kümmel und etwas Salz etwa 1 Stunde garen, danach schälen.

Die Chia-Samen 30 Min. in Mandelmilch einweichen, sodass ein Gel entsteht.

Die getrockneten Tomaten in feine Würfel schneiden. Die Aprikosenkerne in einer Pfanne ohne Öl rösten, einige beiseitelegen. Die übrigen zusammen mit den Walnusskernen fein hacken und unter das mit Salz, Pfeffer und Tomaten gewürzte Chia-Samen-Gel ziehen.

Staudensellerie waschen und die einzelnen Stängel mit dem Sparschäler schälen, sodass die Fäden entfernt werden. Die inneren gelben Blätter für die Dekoration beiseitelegen. Die Stängel in 6 cm lange Stücke schneiden. Die Aprikosenkernmasse mit einem Spritzbeutel in die Selleriestücke spritzen.

Die Rote Bete mit dem Gemüsehobel in feine Scheiben hobeln und auf einem Teller kreisförmig Carpaccio-ähnlich anrichten. Zitronensaft, Arganöl, Salz, Pfeffer, Kreuzkümmel, fein gehackte Schalotte und gehackte Petersilie verrühren und das Carpaccio damit marinieren.

Die Sellerieschiffchen daraufsetzen und mit Alfalfa-Sprossen und Sellerieblättern garnieren. Geröstete Aprikosenkerne runden das Bild ab.

Für 2 Personen, fertig in etwa 30 Minuten

plus 90 Minuten Gar- und Quellzeit.

ARGANÖL *ist eine Delikatesse, die durch ihr moschusartiges, nussiges Aroma besticht. Es wird im Südwesten Marokkos aus dem Kern der Früchte des Arganbaums gewonnen. Sie erhalten das Öl im Feinkostladen. Alternative: Walnuss- oder Haselnussöl*

Kohlrabispaghetti und gebratene Kräuterseitlinge herb asiatisch mit Sesamkräckern

Veggie Pasta Asia

40 g Leinsamen

2 große Kohlrabi

*200 g Kräuterseitlinge
(Seite 156)*

100 ml natives Olivenöl

10 g Ingwer

1 kleines Bund Koriander

1 Stängel Zitronengras

1 rote Chilischote

100 ml geröstetes Sesamöl

100 ml Sojasoße

1 rote Zwiebel

Saft 1 Zitrone

20 g Sesam, geröstet

50 g Sojasprossen

*2 Schalen Sakura-Mix-Kresse
(Seite 159, oder Gartenkresse)*

*Meersalz und schwarzer Pfeffer,
frisch gemahlen*

Leinsamen ½ Stunde oder länger in etwas Wasser einweichen und quellen lassen.

Die Kohlrabiknollen schälen und mit einem Gemüsehobel zu Spaghetti hobeln.

Die Kräuterseitlinge der Länge nach in etwas dickere Scheiben schneiden, in Olivenöl goldbraun braten und leicht mit Meersalz würzen.

Für die Marinade Ingwer fein reiben. 3 Korianderzweige für die Garnitur beiseitelegen. Den restlichen Koriander und das Zitronengrasherz fein hacken. Chilischote in feine Würfel schneiden. Sesamöl und Sojasoße vermischen und mit den Gewürzen aromatisieren. Die Marinade über die Kohlrabispaghetti träufeln.

Die Zwiebel schälen und in Sechzehntel schneiden. Diese ganz kurz in kochendes Wasser geben, herausnehmen und sofort mit dem Zitronensaft beträufeln, sodass die rote Farbe sich intensiviert.

Die Hälfte der Leinsamen mit dem Stabmixer pürieren. Die restlichen Leinsamen und den gerösteten Sesam dazugeben und glatt rühren. Die Masse dünn auf ein Backpapier streichen und im Backofen ca. 30 Min. bei 185 Grad backen.

Die Kohlrabispaghetti auf einem mit einem Bananenblatt belegten Bambusteller oder einer Asiaschale anrichten und mit Sojasprossen und Koriander garnieren. Zwiebeln, Sakura-Mix-Kresse und Sesamkräcker dazwischen drapieren.

Die warmen Kräuterseitlinge zum Schluss dazugeben.

Für 2 Personen, fertig in etwa 30 Minuten

plus 60 Minuten Quell- und Backzeit.

Wildkräutersalat in grüner Schlottenvinaigrette mit Radieschen und Leinsamenhippen

»Die jungen Wilden«

300 g Wildkräutersalat (je nach Saison, siehe Seite Seite 152–161): Ackersenf, Ackerveilchen, Amaranth, Ampfer, Löwenzahn, Malve, Taubnessel, Löffelkraut, Bronzefenchel, Sauerampfer, Pimpernelle, Gartenmelde, Gänseblümchen)

100 g Leinsamen

300 ml Wasser

100 g Sonnenblumenkerne

Salz

1 Bund Frühlingszwiebeln (auch Schlotten genannt)

Saft und Abrieb von 3 unbehandelten Zitronen

125 ml Sonnenblumenkernöl

Salz

Pfeffer, frisch gemahlen

1 TL Senfmehl

Agavendicksaft nach Geschmack

1 Bund Radieschen

Den Wildkräutersalat waschen und trockenschütteln.

Einen Teil der Leinsamen 1 Stunde in Wasser einweichen. Die Sonnenblumenkerne rösten, einige Kerne für die Dekoration beiseitelegen. Die eingeweichten Leinsamen mit Salz, den restlichen Sonnenblumenkernen und den trockenen Leinsamen mixen, sodass ein körniger Brei entsteht.

Die Masse im Backofen bei 185 Grad auf einem mit Backpapier ausgelegten Backblech dünn verteilt ausbacken, bis Röstaromen entstanden sind. Die Hippen im Ofen auskühlen lassen.

Die äußere Hülle der Schlotten entfernen, die Schlotten putzen und in feine Ringe schneiden. Das Grüne der Zwiebeln kurz blanchieren und mit Saft und Abrieb der 3 Zitronen, Sonnenblumenkernöl, Salz, Pfeffer, Senfmehl, etwas Agavendicksaft und dem Blanchierwasser zu einer aromatischen grünen Vinaigrette mixen.

Den Wildkräutersalat mit der Vinaigrette marinieren und locker auf einem etwas tieferen Teller anrichten. Die Radieschen hobeln und zusammen mit den rohen weißen Lauchringen darüberstreuen. Den Salat mit in Stücke gebrochenen Leinsamenhippen und gerösteten Sonnenblumenkernen gespickt servieren.

Für 2 Personen, fertig in 20 Minuten plus 80 Minuten Quell- und Backzeit.

WILDKRÄUTER *wie Ackerveilchen, Pimpernelle und Sauerampfer (siehe Glossar) sind beim Wald- und Wiesenspaziergang nicht schwer zu finden, wenn man erst mal weiß, wie sie aussehen. Aber auch der Wochenmarkt hat sie manchmal im Angebot.*

Salat von Brunnenkresse und Baby-Blattspinat mit gebratenen Morcheln und Süßkartoffel

Spitz wie eine Morchel

150 g Baby-Blattspinat

150 g Brunnenkresse

200 g Spitzmorcheln

200 g Süßkartoffeln

2 EL Olivenöl

4 Schalotten

20 g Haselnüsse

einige rosa Pfefferkörner

125 ml Haselnussöl

Saft von 3 Zitronen

Salz

1 EL Agavendicksaft

Den Baby-Blattspinat und die Brunnenkresse waschen, trockenschütteln und die Stängel entfernen.

Die Spitzmorcheln in stehendem Wasser reinigen. Diesen Vorgang mehrmals wiederholen, bis die Morcheln sandfrei sind.

Die Süßkartoffeln schälen und in feine Würfel schneiden. Die Würfel in Olivenöl braten, bis sie gar sind, anschließend leicht salzen.

Schalotten fein würfeln, einen kleinen Teil davon beiseitelegen. Haselnüsse in einer Pfanne ohne Fett rösten, einige Nüsse für die Garnitur beiseitelegen, den Rest fein hacken. Pfefferkörner grob hacken. Die Hälfte des Haselnussöls, Zitronensaft, gehackte Haselnüsse und Pfefferkörner mit Salz und Agavendicksaft zu einer schmackhaften Marinade verrühren.

Die Blätter von Babyspinat und Brunnenkresse mit der Marinade aromatisieren, in einer Salatschale anrichten und die Kartoffelwürfel darüberstreuen.

Die Morcheln mit dem restlichen Haselnussöl und Schalottenwürfeln anbraten, salzen und mit den gerösteten ganzen Haselnüssen über den Salat geben. Ein Hochgenuss!

Für 2 Personen, fertig in 50 Minuten.

MORCHELN/SPITZMORCHELN *gehören zum Feinsten, was Wald und Wiese zu bieten haben: Ihr leicht erdiges Aroma mit dem nussigen Karamellton erinnert entfernt an Trüffel. Saison haben die Edelpilze von April bis Frühsommer. In freier Natur oder auch im gut sortierten Supermarkt werden Sie fündig.*

Babyleaf-Salat mit marinierten Blutorangen, roten Zwiebeln und Kapernäpfeln

Baby Greenfood

300 g Babyleaf-Salat (je nach Saison: roter Mangold, Mizuna grün oder rot, roter Senf, Tatsoi, Spinat)

4 Moro-Blutorangen

1 rote Peperoncinischote (oder Peperoni)

20 g Kapernäpfel, gesalzen

30 g Zedernkerne, geröstet

30 g Pistazien, geröstet

Saft und Schale 1 Limone

etwas geröstetes Arganöl (Seite 152, alternativ: Walnussöl)

etwas Olivenöl extra Virgine

Salz

Pfeffer, frisch gemahlen

Agavendicksaft nach Geschmack

2 rote Zwiebeln

Den Babyleaf-Salat waschen und trockenschütteln.

Die Blutorangen mit einem scharfen Messer schälen und in dünne Scheiben schneiden. Den entstandenen Saft für die Marinade aufheben. Peperoncinischote und Kapern fein hacken, ebenso die gerösteten Zedernkerne und Pistazien. Einige ganze Kapern, Zedernkerne und Pistazien für die Garnitur beiseitelegen.

Blutorangensaft, Limonensaft und -abrieb, Peperoncini, Arganöl, Olivenöl, Salz, Pfeffer, Agavendicksaft und Kapern zu einer Marinade verrühren. Zedernkerne und Pistazien dazugeben.

Die roten Zwiebeln in nicht zu feine Streifen schneiden, ganz kurz blanchieren und mit Limonensaft beträufeln. Wie von Zauberhand färben sich diese dann wunderschön rot.

Die Blutorangenscheiben auf einem Teller kreisförmig anrichten und mit der Hälfte der Marinade beträufeln.

Den Babyleaf-Salat mit der restlichen Marinade aromatisieren und auf den Blutorangen drapieren. Den Salat mit den roten Zwiebeln und den Kapern, restlichen Pistazien und Zedernkernen bestreuen und servieren.

Für 2 Personen, fertig in 30 Minuten.

BABYLEAF-SALAT *ist feiner junger Pflücksalat, der nicht nur wunderschön aussieht, sondern auch köstlich schmeckt. Die verschiedenen Sorten werden im zarten Alter von nur vier Wochen geerntet. Alternative: Pflücksalat vom Wochenmarkt*

*Salat von Castelfranco und Lollo Bionda in Minzmarinade mit Datteln
und geräucherten Mandeln*

Bella Venezia

1 Kopf Lollo Bionda

1 mittelgroßer Kopf
Castelfranco

8 große Datteln, frisch oder
getrocknet

100 g Mandeln, geräuchert und
gesalzen

2 Schalotten

1 Bund Minze

3 unbehandelte Zitronen

2 EL Agavendicksaft

125 ml Olivenöl

Salz

Pfeffer, frisch gemahlen

1 Schale Rote-Bete-Sprossen

Lollo-Bionda- und Castelfranco-Salat in einzelne Blätter teilen, putzen und kurz in lauwarmes Wasser legen. So mildert man die Bitterstoffe.

Die Datteln mit einem kleinen Messer entkernen. Von den geräucherten Mandeln einige für die Dekoration beiseitelegen, die restlichen Mandeln fein hacken und in den Bauch der Datteln drücken.

Die Schalotten würfeln, die Blätter der Minze fein schneiden. Schalottenwürfel, gehackte Minze, etwas Zitronenabrieb, ausgepressten Saft der Zitronen, Agavendicksaft, Olivenöl, Salz und Pfeffer zu einer Marinade verrühren.

Die Salatblätter mit der Marinade würzen und wie gewachsen auf einem Teller zusammenbauen, sodass man wieder einen ganzen Salat erhält.

Mit den gefüllten Datteln anrichten und mit Mandeln bestreuen. Rote-Bete-Sprossen sorgen zum Schluss für schöne Farbtupfer.

Für 2 Personen, fertig in 30 Minuten.

CASTELFRANCO *ist mit seiner dekorativen beige-weinroten Sprenkelung ein Exot unter den Salaten und wird daher auch »Orchideensalat« genannt. Er hat ein schönes kräftiges Aroma und ist von Ende September bis Mitte April auf dem Wochenmarkt zu finden. Alternative: Radicchio*

Pastinaken-Möhren-Suppe mit Petersilienpesto und Schwarzkümmel

Wurzelzweierlei

250 g Pastinaken

250 g Karotten

400 ml Wasser

3 Schalotten

50 ml Rapsöl

200 ml Mandelmilch

2 EL Schwarzkümmel, geröstet

50 ml Traubenkernöl

Für das Pesto

1 kleines Bund glatte Petersilie

30 g Mandelblättchen, geröstet

Saft und Abrieb
1 unbehandelten Zitrone

Salz

Pfeffer, frisch gemahlen

100 ml Traubenkernöl

Es werden zwei Suppen zubereitet: eine weiße Pastinakensuppe und eine orange Möhrensuppe. Die Zubereitung beider Suppen ist gleich:

Die Wurzeln schälen und aus ihren Schalen und 400 ml Wasser einen Gemüsefond herstellen.

Pastinaken und Karotten fein würfeln. Etwa ein Drittel der Würfel als Suppeneinlage beiseitelegen, die übrigen voneinander getrennt mit den gewürfelten Schalotten in Rapsöl anschwitzen. Die Pastinaken und die Karottenwürfel jeweils mit der Hälfte des Gemüsefonds und 100 ml Mandelmilch weich garen und mit dem Stabmixer pürieren.

Die Suppen mit Salz und Pfeffer abschmecken. Wichtig ist, dass sie die gleiche, nicht zu dünne Konsistenz haben.

Die Gemüsewürfel mit dem Schwarzkümmel in der Pfanne mit etwas Traubenkernöl anbraten, damit feine Röststoffe entstehen, bis das Gemüse gar ist.

Etwas Petersilie für die Garnitur beiseitelegen. Die restlichen Petersilienblätter mit den Mandelblättchen, Zitronensaft und -abrieb, Salz, Pfeffer und Traubenkernöl im Mixer zu einem Pesto verarbeiten.

Beide Suppen gleichzeitig in den Suppenteller geben, damit sie nebeneinander »stehen«. Die Gemüseeinlage dazugeben, die Suppen mit Schwarzkümmel und Petersilie garnieren und mit dem Pesto aromatisieren und verzieren.

Für 4 Personen, fertig in 40 Minuten.

Sud von wildem Spargel mit Safranfäden, Frühlingszwiebeln und Tomatenwürfeln

Milchstern

1 mittelgroße Karotte

1 Sellerieknolle

1 Stange Lauch

750 ml Wasser

4 Schalotten

1 Bund Frühlingszwiebeln

2 Eiertomaten

1 kleines Bund glatte Petersilie

2 EL Distelöl

2 Bund Wildspargel

1 Päckchen Safranfäden (0,1 g)

Salz

Pfeffer

1 Msp. Macisblüte (Seite 157), gemahlen

Karotte, Sellerie und Lauch schälen und aus den Schalen und 750 ml Wasser einen Gemüsefond herstellen.

Das Gemüse und die Schalotten in feinste Würfel (Brunoise), die Frühlingszwiebeln in feine Ringe schneiden. Die Eiertomaten überbrühen, häuten, entkernen und ebenfalls in feine Würfel schneiden. Die Petersilie hacken.

Das Wurzelgemüse mit den Schalotten in Distelöl anschwitzen, sodass sie leichte Farbe annehmen (Röststoffe sorgen für einen intensiven Geschmack), mit dem Gemüsefond ablöschen und bis zur gewünschten Menge auffüllen (je weniger Wasser, desto mehr Geschmack). Den ungeschälten Wildspargel, die Frühlingszwiebelringe und die Tomatenwürfel inklusive der Safranfäden dazugeben und die Suppe ziehen lassen. Mit Salz, Pfeffer und der Macisblüte abschmecken.

Kurz vor dem Anrichten die gehackte Petersilie und die Tomatenwürfel hinzugeben. In einer schönen Suppenterrine servieren!

Für 4 Personen, fertig in 40 Minuten.

WILDSPARGEL, *auch Pyrenäen-Milchstern genannt, wurde in den letzten Jahren als Delikatesse neu entdeckt. Die Zubereitung ist mühelos: Die hellgrünen, wunderbar aromatischen Stangen mit den Blütenknospen müssen nicht geschält werden. Alternative: grüner Spargel*

Samtsuppe von der Zimtkartoffel mit Brunnenkresse und Sumach

Cubio

500 g Zimtkartoffeln (auch
Cubio genannt)

3 Schalotten

50 ml geröstetes Sesamöl

1 Msp. Jaipur Curry
(Seite 155)

750 ml Gemüsefond

250 ml Mandelmilch

Salz

Pfeffer, frisch gemahlen

3 g schwarzer Sesam, geröstet

1 kleine Handvoll
Brunnenkresse

1 Msp. Sumach (Seite 160)

Die Zimtkartoffeln schälen und in Würfel schneiden. Schalotten ebenfalls würfeln, zusammen mit den Kartoffelwürfeln in geröstetem Sesamöl anschwitzen und mit Jaipur Curry bestäuben.

Das Gemüse mit Gemüsefond und der Mandelmilch auffüllen, weich garen und mit dem Mixstab pürieren. Die Suppe mit Salz und Pfeffer würzen, mit geröstetem schwarzem Sesam, Brunnenkresse und Sumach aromatisieren und verzieren.

Wenn Sie es etwas schärfer mögen, hobeln Sie einen Teil einer geschälten, rohen Cubio mit einer feinen Reibe in die Suppe. Gekocht schmeckt die Cubio süß, in rohem Zustand besitzt sie die Schärfe der Kresse. Sehr raffiniert!

Für 4 Personen, fertig in 40 Minuten.

CUBIO *verströmt in rohem Zustand einen zarten Zimtduft, daher wird die Wurzel bei uns auch Zimtkartoffel genannt. Im Geschmack erinnert sie roh an Meerrettich, gekocht nimmt sie einen nussig-süßlichen Geschmack an. Alternative: Sellerie*

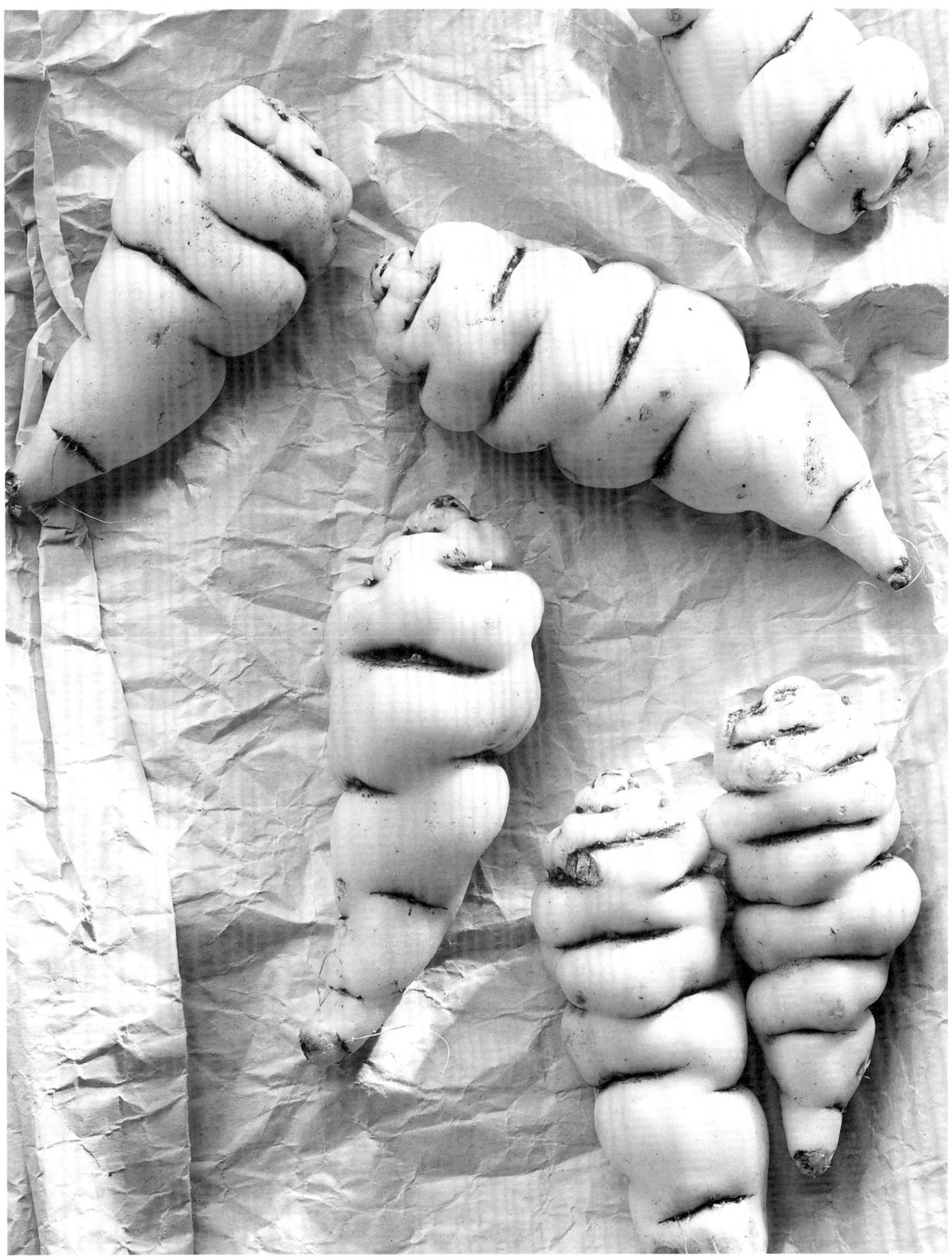

Chinakohl herb asiatisch mit Staudensellerie und Enokipilzen

China Cabbage

100 ml geröstetes Sesamöl

200 ml Sojasoße

10 g Ingwer

1 Stängel Zitronengras

1 rote Peperoncinischote
(oder Peperoni)

1 TL gelbe Thaicurrypaste

1 TL Agavendicksaft

1 TL Schwarzkümmel

etwas Rapsöl

1 Kopf Chinakohl

1 kleiner ganzer Stauden-
sellerie

2 Schalotten

4 Frühlingszwiebeln

1 Paket Enokipilze (Seite 154;
alternativ: Kräuterseitlinge
oder Austernpilze)

1 Schale Brokkolisprossen

Salz

Pfeffer, frisch gemahlen

Für die Marinade Sesamöl und Sojasoße vermischen. Den Ingwer schälen und fein reiben. Das Zitronengrasherz fein schneiden, dann hacken. Die Peperoncinischote der Länge nach halbieren, entkernen und fein würfeln.

Nun alle Zutaten sowie die Thaicurrypaste mit der Sesamöl-Soja-soßen-Mischung verrühren. Mit Agavendicksaft leicht süßen.

Den Schwarzkümmel in einer Pfanne mit etwas Rapsöl rösten, damit er sein volles Aroma entfaltet.

Den Chinakohl der Länge nach in Viertel schneiden und vorsichtig mit etwa der Hälfte der Marinade einreiben, sodass sie überall zwischen den Kohlblättern einwirken kann. Etwa 1 Stunde marinieren.

In der Zwischenzeit Staudensellerie mit dem Sparschäler abschälen und in Rauten schneiden. Schalotten schälen und fein würfeln, Früh-lingszwiebeln in feine Ringe schneiden. Die Enokipilze putzen. Die Sprossen waschen.

Chinakohl abtropfen lassen und mit Rapsöl gut anbraten, sodass er leicht Farbe erhält. Ein Backblech mit Marinade beträufeln, den China-kohl darauflegen und im Ofen 5–10 Min. bei 185 Grad schmoren.

Den Sellerie mit den Frühlingszwiebeln und den Schalottenwürfeln in der Pfanne anbraten, bis er gar, aber noch knackig ist. Salzen und pfeffern.

Den Chinakohl auf einer Platte flach auffächern, mit der restlichen Marinade beträufeln. Das Selleriegemüse darüber verteilen.

Die rohen Enokipilze und Brokkolisprossen dekorativ auf dem Arran-gement verteilen. Mit dem Schwarzkümmel abschließen.

Für 2 Personen, fertig in etwa 90 Minuten inkl. 60 Minuten Marinierzeit.

Gebackene Süßkartoffeln mit gebratenen Edelpilzen und marinierten Friséeherzen

Sweet Potatoes, Mushrooms & Wheatgrass

2 Köpfe Friséesalat

2 große Süßkartoffeln

etwas Olivenöl

400 g Edelpilzmischung (Egerlinge, Austernpilze, Shiitake, Kräuterseitlinge (Seite 156)

1 Rosmarinzweig

1 Thymianzweig

1 kleines Bund Schnittlauch

1 Schalotte, fein gewürfelt

Saft von 2 Zitronen

1 TL Agavendicksaft

4 EL Leinsamenöl

Salz, Pfeffer

4 Radieschen

1 Schale junges Weizengras

1 Schale Radieschensprossen

Friséesalat putzen, dabei die äußeren dunkelgrünen Blätter entfernen, sodass man die gelben inneren Friséeherzen erhält.

Die gewaschenen Süßkartoffeln in 1 cm dicke Scheiben schneiden. Diese mit Salz, Pfeffer und Olivenöl einreiben und auf ein mit Backpapier ausgelegtes Backblech legen. Bei 185 Grad 20 Min. im Backofen backen, bis die Kartoffeln leicht Farbe bekommen.

In der Zwischenzeit Pilze von den Stängeln befreien, da diese oft zäh und zum Braten ungeeignet sind. Die Pilzkappen grob vierteln und in Olivenöl mit Salz, Rosmarin und Thymian scharf anbraten, damit sie einen nussigen Geschmack bekommen.

Schnittlauch fein schneiden, mit Schalottenwürfeln, Zitronensaft, Agavendicksaft, Leinsamenöl, Salz und Pfeffer zu einem Dressing verrühren und die Friséeherzen damit marinieren.

Die Radieschen mit einer Reibe zu feinen Stiften raspeln.

Die Süßkartoffeln kreisförmig auf einem runden Teller arrangieren und mit den gebratenen Pilzen bedecken. Marinierte Friséeherzen locker obenauf platzieren und mit dem Weizengras spicken. Radieschensprossen und die gehobelten Radieschenstifte runden das Bild ab.

Für 2 Personen, fertig in 60 Minuten inkl. 20 Minuten Backzeit.

Curry von Süßkartoffel mit Stängelkohl, Blumenkohl und Macadamianuss

Spicy Cima di Rapa

2 mittelgroße Süßkartoffeln

50 ml Rapsöl

1 mittelgroßer Blumenkohl

2 Bund Stängelkohl

4 rote Zwiebeln

*1 Peperoncinischote
(oder Peperoni)*

1 Bund Frühlingszwiebeln

30 g Macadamianüsse

10 ml geröstetes Sesamöl

50 ml Rapsöl

200 ml Gemüsefond

200 ml Kokosmilch

Abrieb 1 unbehandelten Limone

*1 EL Curry Madrocas
(Seite 154)*

1 Bund Korianderblätter

Süßkartoffeln schälen, in 1 cm große Würfel schneiden und in Rapsöl scharf anbraten. Salzen.

Den Blumenkohl in einzelne Röschen teilen, putzen und roh mit einer feinen Reibe hobeln, sodass feine Scheiben entstehen. Diese ebenfalls in Rapsöl goldbraun anbraten.

Die Blätter des Stängelkohls putzen und kurz blanchieren. In Eiswasser abschrecken, damit die grüne Farbe erhalten bleibt. Die drei Gemüsesorten miteinander vermischen.

Für die Soße die roten Zwiebeln, Peperoncinischote und Frühlingszwiebeln klein schneiden und zusammen mit den grob gehackten Macadamianüssen in einer Mischung aus Sesam- und Rapsöl anbraten. Mit Gemüsefond und Kokosmilch ablöschen, Limonenabrieb und Curry dazugeben und zu einer Basissoße einkochen lassen.

Das gemischte Gemüse in die Soße geben und dem Curry mit frischen Korianderblättern den letzten Feinschliff geben.

Dieses Curry können Sie im Topf servieren, da es sich um ein Eintopfgericht handelt. In einer Wokpfanne sieht es besonders attraktiv aus. Asiatische Suppenschälchen und Stäbchen machen das Gericht noch interessanter.

Für 2 Personen, fertig in 30 Minuten.

STÄNGELKOHL, *auch Cima di Rapa genannt, hat einen wunderbar intensiven, würzigen Geschmack. Bei uns ist er in italienischen Feinkostläden von Oktober bis Juni erhältlich. Alternative: junger Brokkoli*

Gebratene kanadische Farnsprossen mit Perlzwiebeln und Tomatenwürfeln

Fiddleheads

*400 g Farnsprossen aus Kanada
(Feinkosthändler)*
200 g Perlzwiebeln
8 Eiertomaten Romana
*1 Peperoncinischote (oder
Peperoni)*
1 kleines Bund glatte Petersilie
1 kleines Bund Minze
50 ml Olivenöl
200 ml Mandelmilch
50 g Walnusskerne
Salz
Pfeffer, frisch gemahlen
50 ml Walnussöl

Die Farnsprossen am unteren Ende putzen, in kochendem Wasser 5 Min. blanchieren, danach in Eiswasser abschrecken, damit sie schön grün bleiben.

Perlzwiebeln schälen und halbieren.

Die Tomaten halbieren und in einem groben Sieb ausdrücken, dabei den Saft und die Kerne für die spätere Zubereitung aufbewahren. Die ausgedrückten Tomaten in grobe Würfel schneiden.

Peperoncinischote fein würfeln, Petersilie hacken. Die Minzblätter in feine Streifen schneiden.

In einer Pfanne die Perlzwiebeln mit Olivenöl scharf anbraten, mit dem Tomatensaft ablöschen und etwas köcheln lassen. Die Tomaten- und Peperonciniwürfel dazugeben und mit der Mandelmilch einschmoren lassen.

Die Walnusskerne grob hacken, einige Walnusshälften beiseitelegen. Das Ragout mit den Kräutern und gehackten Walnusskernen verfeinern, salzen und pfeffern.

Die Farnsprossen in einer Pfanne mit Walnussöl und etwas Salz scharf anbraten.

Das Perlzwiebel-Tomaten-Ragout in einem tiefen Pastateller anrichten. Mit den Farnsprossen belegen. Mit Walnusshälften, Petersilie und Minzblättern garnieren. Etwas Walnussöl und schwarzer Pfeffer zum Schluss geben den Fiddleheads den letzten Pfiff.

Für 2 Personen, fertig in 40 Minuten.

FARNSPROSSEN *sind die ersten, noch eingerollten Triebe des Farns. Daher heißen sie auch Geigenköpfe oder Fiddleheads. Man findet sie überall im Wald, aber nur für kurze drei Wochen im April – oder beim Feinkosthändler. Alternative: Zuckerschoten.*

Gefüllte Riesenchampignons mit Blattspinat auf karamellisiertem Rhabarber

Portobello

*12 Portobello-Pilze
(Riesenchampignons)*

500 g frischer Blattspinat

6 Stangen Rhabarber

2 rote Zwiebeln

*1 Peperoncinischote
(oder Peperoni)*

1 kleines Bund Oregano

*30 g Zedernkerne, alternativ:
Pinienkerne*

100 ml Olivenöl

Salz

Pfeffer, frisch gemahlen

2 EL Agavendicksaft

Saft 1 Zitrone

*1 kleine Schale Zwiebel-
keimlinge*

Die Portobello-Pilze vom Stiel befreien, die Stiele fein hacken.

Blattspinat putzen und kleinschneiden.

Rhabarber schälen, die Fäden ziehen und die Stangen in kleine Rauten schneiden.

Für die Füllung die roten Zwiebeln schälen und in feinste Würfel (Brunoise) schneiden. Die Peperoncinischote putzen und ebenfalls sehr fein schneiden. Die Oreganoblätter fein hacken. Die Zedernkerne in einer Pfanne ohne Fett anrösten. Einige Kerne für die Dekoration beiseitelegen, die restlichen Zedernkerne mahlen.

Die Zwiebelbrunoise mit den gehackten Champignonstielen und den Peperoniniwürfeln in Olivenöl anbraten und mit Salz und Pfeffer würzen. Den geschnittenen Blattspinat dazugeben und das Gemüse so lange rühren, bis der Spinat zusammenfällt. Die gemahlenen Zedern-kerne und den Oregano zum Verfeinern hinzufügen.

Die Rhabarberstücke in Agavendicksaft weich garen bzw. karamelli-sieren und mit Zitronensaft abschmecken.

Die Köpfe der Riesenchampignons mit der Spinatmasse befüllen, auf ein mit Olivenöl gefettetes Backblech setzen und im Backofen bei 200 Grad 20–25 Min. garen.

Die fertig gegarten Champignons auf einem Bett von karamellisiertem Rhabarber arrangieren und mit gerösteten Zedernkernen, Olivenöl und Zwiebelkeimlingen garnieren.

Für 2 Personen, fertig in 40–50 Minuten inkl. 20 Minuten Backzeit.

Chia-Pudding mit Kokosmilch und marinierter Kaktusfeige

Maya Special

500 ml Kokosmilch

1 Vanilleschote

Agavendicksaft nach Geschmack

Saft und Schale von 2 unbehandelten Limonen

8 EL Chia-Samen (Seite 153)

1 kleines Bund Minze

4 Kaktusfeigen odere andere Früchte

Die Kokosmilch mit einem Teil des Vanilleschotenmarks, 2 EL Agavendicksaft, dem Abrieb einer Limone und den Chia-Samen verrühren und mindestens 2 Stunden in kleinen Weckgläsern portionsweise kalt stellen.

Die Blätter der Minze in feinste Streifen (Julienne) schneiden, einige Blätter für die Dekoration beiseitelegen. Saft beider Limonen und Abrieb einer Limone mit Agavendicksaft, dem restlichen Mark der Vanilleschote und der Minze verrühren.

Die Kaktusfeigen in einem Sieb in stehendem Wasser waschen und von den feinen Stachelhaaren befreien. Oben und unten abschneiden, mit einem Messer der Länge nach einschneiden und die robuste Schale ringsherum abschälen. Das so gewonnene Innere in Scheiben schneiden und in der Marinade würzen.

Die marinierten Kaktusfeigen auf den Pudding legen, mit Marinade überziehen und mit frischer Minze garnieren.

Für 2 Personen, fertig in 40 Minuten plus 2 Stunden Kühlzeit.

DIE KAKTUSFEIGE *verbirgt unter ihrer stacheligen Schale ein herrlich süß-säuerliches Fruchtfleisch, das im Geschmack leicht an Birne und Melone erinnert. Die Samen können Sie bedenkenlos mitessen. Kaktusfeigen sind inzwischen zu jeder Jahreszeit bei uns erhältlich. Alternative: Datteln oder Feigen*

Fruchtwrap mit Aprikosen-Dattel-Füllung

Power Healthy Fruit Wrap

200 bis 250 g Früchte Ihrer Wahl (z. B. Mango, Banane, Apfel, Erdbeere, Orange)

Saft 1 Orange

1 Aprikose (frisch oder getrocknet)

5 Datteln (frisch oder getrocknet)

1 Apfel

Zimt

Für die Dörrfolie (Fruchtwrap) etwa 200 bis 250 g Früchte Ihrer Wahl schälen, grob zerkleinern. Toll schmecken z. B. die Kombinationen Orange-Mango-Banane, Birne-Apfel-Banane oder auch Erdbeer-Banane. Natürlich kann auch eine einzelne Fruchtsorte verwendet werden. Die Fruchtstücke mit dem Stabmixer pürieren.

Nun eine hauchdünne Schicht Fruchtpüree auf eine Silikonmatte oder ein mit Backpapier belegtes Blech streichen und in wenigen Stunden im Ofen bei 75 Grad Umluft trocknen lassen.

Die Fruchtfolie von der Silikonmatte oder dem Backpapier lösen.

Für die Füllung den Orangensaft mit 5 entsteinten Datteln und 1 Aprikose mit dem Stabmixer zu einem Mus verarbeiten. Einen Apfel entkernen, auf der Reibe mit Schale zu groben Stiftchen hobeln und zusammen mit einer Prise Zimt unter das Mus heben. Das Mus auf die fertig getrocknete Fruchtfolie streichen und diese zu einem Wrap rollen.

Serviert auf einem länglichen Teller und einem Bananenblatt, bekommt der Fruchtwrap einen ganz besonders exotischen Anstrich.

Für 2 Wraps, fertig in max. 30 Minuten plus ca. 2 Stunden Dörrzeit.

Ananas-Mango-Fruchtsalat

Tropical Obstsalat

Saft ½ Orange

1 kleine reife Flugananas

1 reife Flugmango

1 Kiwi

1 reife Banane

1 EL Paranüsse

1 EL Kokosflocken

Die Orange auspressen und den Saft in eine Schüssel geben.

Die Ananas schälen, den Strunk entfernen und die Frucht in kleine Stücke schneiden. Die Mango schälen, den Kern entfernen und die groben Stücke über der Schüssel klein schneiden, damit der Saft nicht verloren geht.

Die Kiwi schälen, halbieren und in kleine Stücke schneiden. Die Banane schälen und in Scheiben schneiden. Die Paranüsse fein hacken.

Das Obst mit den gehackten Paranüssen und den Kokosflocken in die Schüssel geben und mischen. Schmeckt tropisch köstlich!

Für 2 Personen, fertig in max. 20 Minuten.

Schoko-Chia-Pudding mit Beerenmelange

Choc Berry

3 EL Chia-Samen (Seite 153)

2 EL Carob oder Rohkakao

2 EL Agavendicksaft

½ TL Zimt

300 ml Wasser

100 g Beerenfrüchte, frisch oder TK

Für den Schoko-Chia-Pudding Chia-Samen, Carob oder Rohkakao, Agavendicksaft, Zimt und Wasser gut miteinander vermischen.

Dann die Beeren dazugeben und die Mischung im Kühlschrank ein paar Stunden bzw. über Nacht quellen lassen. Der Pudding kann bis zu fünf Tage im Kühlschrank aufbewahrt werden.

Den fertigen Chok Berry in Einmachgläschen umfüllen, mit einigen Beeren garnieren und servieren.

Für 2 Personen, fertig in max. 20 Minuten

plus mindestens 4 Stunden Quellzeit.

AGAVENDICKSAFT, *aus dem Harz von Agaven gewonnen, eignet sich hervorragend zum Süßen. Er schmeckt angenehm nach Karamell und ist ein idealer Zucker- oder Honigersatz. Sie finden ihn in jedem Bioladen oder Reformhaus.*

S

Sommer

Avocadotatar mit Tomatenwürfeln an gebratenen Pfifferlingen und gefüllter Kürbisblüte

Summerdream

2 reife Avocados (Sorte Hass)

1 Zitrone

je 50 ml Oliven- und Avocadoöl

1 Schalotte, fein gehackt (Brunoise)

1 Peperoncinischote (oder Peperoni)

1 kleines Bund glatte Petersilie

4 Eiertomaten Romana

2 Schalotten

1 kleines Bund Basilikum

50 ml Olivenöl

1 mittelgroße Kartoffel (100 g)

2 Zweige glatte Petersilie

2 getrocknete Tomaten

50 ml Olivenöl

Salz, Pfeffer, frisch gemahlen

2 Kürbis- oder Zucchiniblüten

etwas Kürbiskernöl

100 g Pfifferlinge

Für das Tatar die Avocados entkernen, schälen und würfeln. Die Würfel mit Zitronensaft, Oliven- und Avocadoöl, Schalottenbrunoise, Peperonciniwürfeln, gehackter Petersilie, Salz und Pfeffer würzen.

Die Tomaten blanchieren, in Eiswasser abschrecken, häuten, halbieren und entkernen. Das Tomatenfleisch und 1 Schalotte in feine Würfel schneiden und mit dem gehackten Basilikum, Olivenöl, Salz und Pfeffer aromatisieren.

Für die gefüllte Kürbisblüte die Kartoffel schälen, klein schneiden, weich kochen und zerstampfen. Petersilie und 1 Schalotte klein hacken, getrocknete Tomaten klein schneiden und alles zu der Kartoffel geben. Mit Olivenöl, Salz und Pfeffer abschmecken.

Die Kürbisblüten vorsichtig öffnen, Stempel entfernen und mit einem Spritzbeutel die Kartoffelmasse einfüllen. Die Kürbisblüten leicht mit Kürbiskernöl bestreichen und bei 150 Grad Umluft 10 Min. im Backofen garen.

Pfifferlinge waschen und putzen

Das Avocadotatar in einem Metallring auf einem Teller zentral anrichten, die Tomatenwürfel darübergeben, sodass ein kleines Törtchen entsteht. Die Kürbisblüte neben dem Tatar platzieren.

Die Pfifferlinge in Olivenöl anbraten, leicht salzen und ebenfalls auf dem Teller anrichten.

Mit Kürbiskernöl und Kräuterzweigen garnieren.

Für 2 Personen, fertig in 60 Minuten inkl. 10 Minuten Backzeit.

Gebratene Pimientos de Padrón und marinierte Rispentomaten auf knusprigem Nussboden

Veggie Tapas

80 g Leinsamen

500 ml Wasser

10 g Haselnüsse

10 g Walnüsse

15 g Zedernkerne
(alternativ: Pinienkerne)

Salz

Pfeffer, frisch gemahlen

6 gelbe Kirschtomaten

6 rote Kirschtomaten

1 Schalotte

100 ml Olivenöl

1 Zweig Thymian

12 Pimientos de Padrón

Meersalzflocken

1 kleines Bund glatte Petersilie

1 kleines Bund Basilikum

Die Leinsamen leicht bedeckt 1 Stunde in kaltem Wasser einweichen.

Einige Zedernkerne beiseitelegen. Leinsamen mit den Nüssen und den restlichen Zedernkernen mit dem Stabmixer pürieren. Salzen und pfeffern. Unter Zuhilfenahme eines Metallrings dünn auf Backpapier auftragen. Bei 185 Grad ca. 12 Min. backen. Den Backofen ab und zu einen Spalt öffnen, damit der Wasserdampf entweichen kann.

Kirschtomaten leicht einritzen, 12 Sekunden blanchieren, in Eiswasser abschrecken und häuten. Schalotte in feinste Würfel (Brunoise) schneiden.

Die Tomaten mit Salz, Pfeffer, Olivenöl, Thymianblättern und Schalottenwürfeln abschmecken und marinieren. Bei 80 Grad Umluft im Backofen auf einem Backblech 45 Min. trocknen.

In der Zwischenzeit die Pimientos in Olivenöl anbraten, bis die Haut Blasen wirft. Ein wenig dunkle Farbe beim Anbraten schadet nicht. Aus der Pfanne nehmen und mit Meersalzflocken und gehackter Petersilie bestreut servieren.

Eine Tapasschale mit dem Nussboden auslegen, die Kirschtomaten kreisförmig darauf anrichten und in die Zwischenräume die Pimientos platzieren. Mit Basilikumblättern, Olivenöl und gerösteten Zedernkernen servieren.

Für 2 Personen, fertig in 20 Minuten

plus je 60 Minuten Quell- und Backzeit.

PIMIENTOS DE PADRÓN *sind kleine grüne Paprikaschoten aus Galizien, die einen milden bis intensiv scharfen Geschmack haben können. Sie erhalten die Schoten bei uns unter dem Namen »Bratpaprika« im Supermarkt.*

Gefüllte Minikürbisse mit Pilztatar und marinierten Algen

Squash

100 g Austernpilze

100 g Shiitakepilze

100 g Kräuterseitlinge

3 EL Olivenöl

2 Schalotten

1 kleines Bund glatte Petersilie

2 Eiertomaten Romana

Salz

Pfeffer, frisch gemahlen

Saft von 2 Zitronen

1 rote Paprika

200 ml natives Olivenöl

12 Minikürbisse (Patissons (Seite 158); alternativ: sehr junge Zucchini)

100 g Passe-Pierre-Meeresalgen

Die drei Pilzsorten entstielen und putzen. Vierteln und in 2 EL Olivenöl sehr scharf anbraten. Kurz abkühlen lassen, dann fein hacken.

Schalotten würfeln, Petersilie hacken, Tomate fein würfeln und zu dem Pilztatar geben. Mit Salz, Pfeffer, dem Saft einer Zitrone sowie 1 EL Olivenöl abschmecken.

Paprikaschote bei 185 Grad im Backofen rösten, bis sich die Haut dunkel färbt. Danach von der Haut befreien und mit Olivenöl, dem Saft der zweiten Zitrone und etwas Salz pürieren.

Den Deckel der Patissons gerade abschneiden und für die Garnitur beiseitelegen. Die Pattissons mit einem Parisiennelöffel fein aushöhlen. Die kleinen Kürbisse und die Deckel 3 Min. blanchieren und in Eiswasser abschrecken, damit die Farbe erhalten bleibt.

Die Passe-Pierre-Algen putzen, ebenfalls kurz blanchieren, dann mit etwas Olivenöl und Schalottenwürfeln kurz andünsten. Nicht salzen, da sie von Natur aus Salz enthalten. Leicht pfeffern.

Die Kürbisse mit dem Pilztatar füllen, mit einem Deckel belegen und auf einem Bett von Passe Pierre anrichten. (Für die warme Variante die Kürbisse kurz in den 185 Grad heißen Backofen geben.)

Die Paprikaemulsion darüber träufeln und mit Petersilie garnieren.

Für 2 Personen, fertig in 40 Minuten.

PASSE-PIERRE-ALGEN *haben einen salzig-pfeffrigen Geschmack und lassen uns an ein herrlich-raues Meeresklima denken. Sie heißen auch Meerfenchel, Meerspargel oder Salicornes (in Frankreich). Beim Fischhändler sind sie meist erhältlich. Alternative: ganz feine grüne Bohnen*

Gebratene Sojabohnensprossen mit Curryschaum im Nest von Zuckerschote und Lotuswurzel

Indonesia

200 g Zuckerschoten (alternativ: Kefen oder Kaiserschoten)

2 Lotuswurzeln

1 reife Mango

2 unbehandelte Limonen

2 EL Agavendicksaft

1 Peperoncinischote (oder Peperoni)

5 EL Sesamöl

1 kleines Bund Thai-Basilikum (Seite 160)

1 kleines Bund Koriander

Salz

Pfeffer

Sojasoße nach Geschmack

1 rote Zwiebel

100 g Sojabohnensprossen

2 EL Sesamöl

20 g Erdnüsse

2 g Jaipur Curry (Seite 155)

125 ml Kokos- oder Mandelmilch

100 ml Hoisin-Bohnenpaste

Für den Salat die Zuckerschoten blanchieren, in Eiswasser abschrecken, dann der Länge nach in feinste Streifen schneiden.

Die Lotuswurzeln schälen. Eine Hälfte der Wurzeln in ½ cm dicke Scheiben schneiden. Diese ebenfalls blanchieren, bis sie weich sind. Die andere Hälfte der Wurzeln roh belassen, hauchdünn schneiden, auf Backpapier legen und im Ofen 20 Min. bei 185 Grad backen. So erhält man Lotuswurzelchips.

Die Mango schälen, entkernen und in längliche Tranchen schneiden.

Aus Limonensaft und -abrieb, Agavendicksaft, fein geschnittener Peperoncini und Sesamöl eine Marinade herstellen. Koriander- und Thai-Basilikumblätter bis auf einige wenige kleinschneiden und mit etwas Salz, Pfeffer und Sojasoße zur Marinade geben. Zuckerschoten und die gekochte Lotuswurzel mit der Marinade aromatisieren.

Die Zwiebel in Streifen schneiden und mit den Sojabohnensprossen in Sesamöl anbraten, Erdnüsse hinzugeben und mitrösten, mit Sojasoße ablöschen.

Für den Curryschaum Jaipur Curry mit der Kokosmilch und der Hoisin-Bohnenpaste unter leichtem Erwärmen verrühren.

In der Mitte einer Platte ein Nest von Lotuswurzeln und Zuckerschoten arrangieren. Sojabohnensprossen darüber verteilen. Mit Mango und Lotuswurzelchips vollenden.

Den Curryschaum mit einem Mixstab aufschäumen und über den Salat verteilen. Mit Thai-Basilikum und Koriander garnieren.

Für 2 Personen, fertig in 60 Minuten inkl. 20 Minuten Backzeit.

LOTUSWURZEL: *Die Wurzel der Lotusblume hat ein mild-süßliches Aroma und besticht, in Scheiben geschnitten, durch ihr hübsches Blütenmuster. Im Online-Handel ist sie frisch zu bekommen, im Asialaden getrocknet oder in Dosen.*

Zucchini-Sushi im Nori-Algenblatt mit Kokos-Dip und Thai-Basilikum

Without Rice

1 gelbe Zucchini

1 grüne Zucchini

3 EL Sesamöl

2 rote Zwiebeln

Saft 1 Zitrone

50 g ganze geschälte Mandeln

50 g weiße Sesamsamen

50 g Leinsamen

500 ml Wasser

2 EL Sojasoße

100 ml Sojasoße, die eine lange Reifung hat (Naturkostladen)

100 ml frische Kokosmilch

1 Paket Nori-Algenblatt

1 kleines Bund Korianderblätter

1 kleines Bund Thai-Basilikum (Seite 160)

10 g geriebener Ingwer

2 EL Sojasoße

20 g Wasabi-Meerrettich

Für die Füllung die Zucchini der Länge nach in Stäbchen schneiden und auf allen Seiten in 2 EL Sesamöl scharf anbraten.

Die geschälten roten Zwiebeln in feinste Streifen (Julienne) schneiden und kurz blanchieren. Direkt mit dem Zitronensaft beträufeln und ziehen lassen, so werden sie besonders farbintensiv.

Mandeln, Sesam- und Leinsamen 1 Stunde in Wasser einweichen, dann mit 1 EL Sesamöl und 2 EL Sojasoße pürieren. Wichtig: Der Brei sollte nicht zu feucht sein, da sich sonst das Nori-Algenblatt nicht gut verarbeiten lässt.

Für den Dip die Sojasoße leicht erwärmen und mit der frischen Kokosmilch verrühren.

Nun das Nori-Algenblatt auf eine Sushi-Bambusmatte legen und den »Mandel-Samen-Reis« gleichmäßig dünn darauf verteilen. Zucchinistäbchen und Zwiebeln der Länge nach darauflegen. Mit Korianderblättern und Thai-Basilikum leicht bedecken und zu einer Sushirolle einrollen.

Die Sushirolle 5 Min. ziehen lassen und in kleine Stücke schneiden.

Die Sushistückchen auf einem Sushibrett mit dem Kokos-Dip und geriebenem Ingwer, 2 EL Sojasoße, Wasabi-Meerrettich und den verbliebenen Kräutern servieren.

Für 2 Personen, fertig in 90 Minuten inkl. 60 Minuten Quellzeit.

NORI-ALGENBLÄTTER *sind getrocknete und anschließend geröstete Algen, die angenehm nach Meer schmecken. Sie werden besonders an den Küsten Japans angebaut und sind bei uns vor allem im Asialaden ganzjährig erhältlich.*

Salat von Eiskraut, Kapern, marinierten Ofenzwiebeln und eingelegter Zitrone

Erfrischendes Kristall

2 große Gemüsezwiebeln

200 ml Olivenöl

Salz

*100 ml Arganöl (Seite 152)
(alternativ: Walnussöl)*

*Red-Dhofar-Gewürzmischung
(Seite 159) (Wieberg)*

*1 eingelegte Zitrone (im Arabic
Shop erhältlich)*

1 kleines Bund Oregano

400 g Eiskraut

8 Kapernpäpfel (Seite 156)

Die Gemüsezwiebeln mit der Schale achteln, sodass eine Blume entsteht. Die Zwiebeln dabei nicht ganz durchschneiden, sondern am Strunk aufhören, damit sie ein Stück bleiben.

Die Zwiebeln mit einem Teil des Olivenöls einpinseln und bei 185 Grad im Backofen so lange garen, bis sie Farbe angenommen haben, aber nicht zu dunkel sind.

Nach dem Abkühlen die einzelnen Segmente von der Schale befreien und mit Salz, Arganöl und der Red-Dhofar-Würzmischung marinieren.

Die eingelegte Zitrone in feine Würfel schneiden, einige Würfel für die Garnitur beiseitelegen. Oreganoblätter abzupfen. Zitronenwürfel und Oreganoblätter ebenfalls zu den Zwiebeln geben.

Das Eiskraut auf einem Teller anrichten, mit den marinierten, vorzugsweise noch warmen Zwiebeln umlegen und dem restlichen Öl beträufeln. Mit Kapernäpfeln und den übrigen Zitronenwürfeln garnieren.

Für 2 Personen, fertig in 50 Minuten inkl. 30 Minuten Garzeit.

EISKRAUT *(oder auch Kristallkraut) verdankt seinen Namen den mit Bläschen besetzten Blättern, die wie bizarr vereist aussehen. Es schmeckt ähnlich wie Spinat, mit einer frischen, säuerlich-salzigen Komponente, und ist von April bis September erhältlich. Alternative: Portulak*

Auberginensalat mit Staudensellerie, Oliven, gerösteten Zedernkernen und Basilikum

Carbonata

1 große violette Aubergine

*1 kleiner ganzer Stauden-
sellerie*

2 Tomaten (Sorte San Marzano)

1 rote Zwiebel

5 g Kapern

*20 g Zedernkerne
(alternativ: Pinienkerne)*

1 kleines Bund Basilikum

1 kleines Bund glatte Petersilie

30 g grüne Oliven

100 ml Olivenöl

1 TL Tomatenmark

Salz

Pfeffer, frisch gemahlen

Die Aubergine in daumendicke Stücke schneiden und leicht salzen, damit sie Wasser ziehen kann und dadurch zarter wird.

Den Staudensellerie rundherum schälen und die Fäden ziehen, dann in Ringe schneiden. Die inneren Blätter für die Garnitur aufheben.

Tomaten und Zwiebel fein würfeln und die Kapern fein hacken.

Die Zedernkerne in einer Pfanne mit etwas Salz goldbraun rösten. Basilikum und Petersilie fein hacken. Einige Zedernkerne und Basilikumblätter für die Garnitur beiseitelegen.

In einer Pfanne den Staudensellerie, die Zwiebelwürfel und Oliven in Olivenöl anbraten und mit dem Tomatenmark würzen. Kapern und Tomatenwürfel hinzugeben und mit Salz und Pfeffer abschmecken.

In einer separaten Pfanne die Auberginenwürfel in Olivenöl goldbraun anbraten und zu dem Gemüse geben.

Den Auberginensalat mit den Kräutern und den Zedernkernen verfeinern.

Die Carbonata in kleine Tapasschälchen füllen und mit den Staudensellerieblättern, Basilikum und gerösteten Zedernkernen garnieren.

Für 2 Personen, fertig in 45 Minuten.

SAN-MARZANO-TOMATEN, *längliche Flaschentomaten aus Italien, werden bei uns vor allem wegen ihres besonders intensiven und fruchtigen Aromas geschätzt.*

Bunter Gemüsesalat in grüner Rapsölmarinade mit knusprigen Leinsamenhippen

Technicolor

100 g Leinsamen

100 ml Wasser

1 kleine Gurke

1 kleine Zuchini

1 kleine rote Paprika

1 kleine gelbe Paprika

2 Eiertomaten Romana

2 rote Zwiebeln

1 Bund Radieschen

*1 kleines Bund Frühlings-
zwiebeln*

*je 1 kleines Bund Koriander,
Basilikum und glatte Petersilie*

je 50 ml Raps- und Olivenöl

Saft von 2 Zitronen

Salz

Pfeffer, frisch gemahlen

Die Leinsamen in dem Wasser mindestens 1 Stunde, wenn möglich über Nacht einweichen.

Alle Gemüsesorten schälen, entkernen, entstrunken und in feine Würfel (½ cm × ½ cm) schneiden.

Für die Marinade die Frühlingszwiebeln und Kräuter fein hacken, ein paar Kräuter für die Garnitur beiseitelegen. Raps- und Olivenöl mit dem Zitronensaft, Salz, Pfeffer und den Kräutern vermengen.

Gemüsewürfel mit der Marinade zu einem Salat mischen.

Aus den eingeweichten Leinsamen mit dem Mixstab und etwas Salz einen Brei herstellen.

Diesen mit einer Palette in kleinen Häufchen auf ein Backpapier auftragen, rund verstreichen und bei 185 Grad backen, bis die Hippen trocken und leicht geröstet sind.

Die Hippen mit dem feinen Salat abwechselnd stapeln, sodass ein Türmchen entsteht. Mit den restlichen Kräutern und etwas Marinade garnieren.

Für 2 Personen, fertig in 40 Minuten

plus mindestens 60 Minuten Quellzeit.

Salat von gebratenen grünen Tomaten, Oliven, Kapern und gehackten Pistazien

Solo verde

6 grüne Tomaten

50 g grüne Mammutoliven

30 g Pistazien

20 g Kapern

1 kleines Bund Frühlings-
zwiebeln

100 ml bestes Olivenöl

Saft und Abrieb
1 unbehandelten Zitrone

5 g Kapern für die Marinade

Salz

Pfeffer, frisch gemahlen

Grüne Tomaten in etwas dickere Scheiben schneiden und in Olivenöl kräftig von beiden Seiten anbraten.

Die grünen Oliven vom Stein befreien, dazu ringsherum mit einem kleinen Messer Scheiben abschneiden.

Pistazien in einer Pfanne mit etwas Salz rösten und dann in grobe Stücke hacken.

Kapern mit kaltem Wasser vom Salz befreien, Frühlingszwiebeln in feine Ringe schneiden.

Oliven, Pistazien, Kapern und Frühlingszwiebeln in einer Pfanne kurz mit Olivenöl schwenken, damit sich die Aromen entfalten können.

Für die Marinade Olivenöl, Saft und Abrieb der Zitrone, 5 g Kapern, Salz und Pfeffer mit einem Mixstab pürieren.

Die gebratenen grünen Tomatenscheiben wie Carpaccio auf dem Teller anrichten. Mit den geschwenkten Zutaten bedecken und mit der Marinade beträufeln.

Wenn die Tomaten noch warm sind, schmeckt das Gericht am besten – es kann aber durchaus auch kalt genossen werden!

Für 2 Personen, fertig in 30 Minuten.

Sugo von Cucuzze, Blutmangold, Batate und Basilikum

Trinacria

1 Cucuzze

1 große Süßkartoffel

1 Bund Blutmangold oder Mangold

1 Bund Basilikum

1 Bund glatte Petersilie

1 rote Zwiebel

50 ml Olivenöl

1 Eiertomate Romana

500 ml Wasser oder Gemüsefond

Salz

Pfeffer, frisch gemahlen

Die Cucuzze (Zucchini) schälen, da ihre harte Schale auch beim Garen nicht weich wird. Das Gemüse der Länge nach halbieren und die Kerne mit einem Löffel entfernen.

Die Süßkartoffel schälen und zusammen mit der Zucchini in feine Rauten schneiden. Den Blutmangold putzen und die Stiele ebenfalls in Rauten schneiden.

Die Mangold-, Basilikum- und Petersilienblätter in feine Streifen schneiden.

Die Zwiebel würfeln und in einem Topf mit reichlich Olivenöl rösten. Die in Rauten geschnittenen Gemüsezutaten dazugeben und mit anbraten. Tomate in Würfel schneiden, hinzufügen und das Ganze mit Wasser (oder Gemüsefond) leicht bedeckt köcheln lassen, bis die Zutaten weich sind und ein Eintopf entstanden ist.

Kurz vor dem Anrichten Kräuter und Mangoldblätter dazugeben, alles kurz durchkochen und mit Salz und Pfeffer abschmecken.

Die Suppe in einer schönen Terrine mitten auf den Tisch stellen und mit frischen Kräutern garnieren.

Für 4 Personen, fertig in 30 Minuten plus 20 Minuten Garzeit.

CUCUZZE *wird in Italien eine ungewöhnlich lange Zucchiniart genannt. Besonders in der sizilianischen Küche ist dieses schmackhafte Gemüse sehr beliebt. Alternative: heimische Zucchini*

Pot au Feu von Okraschoten, Paprika und Estragon

Ladyfinger

350 g Okraschoten

1 rote Paprika

1 gelbe Paprika

1 Peperoncinischote oder
Peperoni

2 weiße Zwiebeln

100 ml Olivenöl

8 Kirschtomaten

500 ml Gemüsefond

1 Bund Estragon

Salz

Pfeffer, frisch gemahlen

Die Okraschoten nach dem Waschen in grobe Ringe schneiden und vom Strunk befreien. Da das Gemüse beim Kochen sehr viel Schleim abgibt, ist es sehr wichtig, die Okraschotenringe vor der Zubereitung des Eintopfes separat zu blanchieren.

Paprikaschoten mit einem Sparschäler von der Haut befreien, halbieren und entkernen. Die Schoten in feine Würfel schneiden, ebenso die Peperoncini und die Zwiebeln.

Die Zwiebel- und Paprikawürfel in Olivenöl anbraten. Peperoncini und Okraschoten dazugeben und kurz mitbraten.

Die Kirschtomaten halbieren, zusammen mit dem Gemüsefond zu dem Gemüse geben und den Pot au Feu köcheln lassen, bis die Zutaten weich sind.

Estragon hacken und den Eintopf mit den Kräutern, Salz und Pfeffer abschmecken.

Den Pot au Feu in einem schönen Tontopf servieren.

Für 4 Personen, fertig in 50 Minuten.

OKRASCHOTEN, *die grünen Früchte eines Eibischbaumes, schmecken wunderbar mild bis säuerlich-pikant. Okra, auch unter den schönen Namen Ladyfinger oder Gemüse-Eibisch bekannt, bekommen Sie in Asialäden oder auch im türkischen Supermarkt das ganze Jahr über.*

Gurkenerfrischung mit Mandelmilch, Limone, Dill und Borretschblüten

Hombre Cocombre

1 Gurke

500 ml Mandelmilch

Salz

100 ml Olivenöl

Saft und Abrieb 1 unbe-
handelten Limone

2 EL Chia-Samen (Seite 153)

1 Bund Dill

1 Bund Borretschblüten
und -blätter

Pfeffer, frisch gemahlen

Die Gurke schälen, mit einem Löffel entkernen und in Stücke schneiden.

Die Gurkenstücke mit der Mandelmilch, Salz und Olivenöl im Mixer pürieren.

Limonensaft und -abrieb hinzufügen.

Die Chia-Samen dazugeben und 20 Min. quellen lassen, so entsteht eine tolle Bindung und Konsistenz.

Dill und Borretschblätter fein schneiden. Die Kräuter nach Geschmack und Pfeffer aus der Mühle zu der Gurkenmilch geben.

Die Gurkenerfrischung in einem Longdrinkglas mit dickem Strohhalm servieren und mit Borretschblüten garnieren.

Für 2 Gläser, fertig in 30 Minuten inkl. 20 Minuten Quellzeit.

BORRETSCHBLÜTEN, *leuchtend blau und sternenförmig, erinnern im Geschmack an Gurken – wie auch die Borretschblätter. Sie sind im gut sortierten Gemüsehandel oder Bio-Online-Shop erhältlich. Alternative: jede andere essbare Blüte, z. B. Gänseblümchen aus dem Garten*

Ratatouille im Auberginenboot mit African-Blue-Basilikum und grünem Pfeffer

Arche Noah

2 schwarze Auberginen

1 Peperoncinischote
(oder Peperoni)

2 gelbe Paprika

2 rote Paprika

1 große grüne Zucchini

2 Eiertomaten

1 große rote Zwiebel

200 ml Olivenöl

1 kleines Bund African-Blue-
Basilikum

1 kleines Bund Rosmarin

1 kleines Bund Thymian

Salz

10 g grüner Pfeffer

Die Auberginen der Länge nach halbieren und aushöhlen, sodass noch ein etwas dickerer Rand übrig bleibt. Die »Boote« leicht salzen und 10 Min. ziehen lassen. Die Auberginen mit einem Küchentuch gründlich abtupfen, mit reichlich Olivenöl einpinseln und bei 220 Grad im Backofen 15 Min. vorgaren.

Peperoncinischote, Paprika, Zucchini, Tomaten und die Zwiebel in ½ cm dicke Würfel schneiden, mit den Auberginenresten in einer Pfanne mit reichlich Olivenöl anbraten und leicht schmoren lassen, bis ein feines Ragout entstanden ist.

Die Kräuter klein schneiden, einige Zweige für die Garnitur beiseitelegen. Das Ragout mit den Kräutern, Salz und grünem Pfeffer würzen und in die vorbereiteten Auberginenboote füllen.

Die gefüllten Auberginen nochmals 5–6 Min. im 220 Grad heißen Backofen garen.

Die Auberginenboote auf einem Teller dekorativ anrichten und mit den restlichen Kräutern, speziell dem violetten African-Blue-Basilikum, garnieren.

Für 2 Personen, fertig in ca. 45 Minuten inkl. 20 Minuten Garzeit.

AFRICAN-BLUE-BASILIKUM, *auch Kilimandscharo-Basilikum genannt, ist ein rot-grünes Strauchbasilikum mit einem recht intensiven Aroma. Im Supermarkt erhalten Sie die etwas mildere italienische Alternative unter dem Namen »Genoveser Basilikum«.*

Fleischtomaten aus dem Ofen, gefüllt mit Blattspinat und Kalamata-Oliven

»Meatballs«

*4 Fleischtomaten
(Sorte Ochsenherz)*

450 g frischer Blattspinat

20 Kalamata-Oliven

*1 Bund marokkanische Minze
(Seite 157)*

3 Schalotten

*30 g Zedernkerne
(alternativ: Pinienkerne)*

Olivenöl zum Anbraten

Salz

Pfeffer

1 g Kreuzkümmel, gemahlen

*100 ml Arganöl (Seite 152)
(alternativ: Walnussöl)*

Die Fleischtomaten »köpfen«, das Kerngehäuse entfernen und den Deckel mit Strunk für später beiseitelegen.

Blattspinat von den Stängeln befreien, gründlich waschen und in kleine Stücke schneiden.

Die Kalamata-Oliven, Minze und Schalotten klein schneiden, 2 Minzzweige für die Garnitur beiseitelegen.

Zedernkerne mit etwas Salz in einer Pfanne ohne Öl goldbraun rösten. Einige Kerne für die Dekoration beiseitelegen.

Die Schalottenwürfel mit den Kalamata-Oliven in Olivenöl anbraten und den Spinat dazugeben. Mit der frischen Minze, Salz, Pfeffer, Kreuzkümmel, Zedernkernen und Arganöl würzen und die Gemüsemischung leicht abgekühlt in die Fleischtomaten füllen.

Die Tomaten mit Deckel bei 175 Grad 15 Min. im Backofen garen.

Die Fleischtomaten auf einem Teller mittig anrichten und mit frischer Minze, Zedernkernen und Arganöl garnieren.

Für 2 Personen, fertig in 45 Minuten inkl. 15 Minuten Garzeit.

OCHSENHERZTOMATE: *Dieses Prachtstück von Tomate besticht durch seine Größe ebenso wie durch sein herrlich süßes Aroma. Sie bekommen das Gemüse am ehesten beim italienischen Feinkosthändler. Alternative: andere Fleischtomaten*

Gebratene Aubergine mit Kapernäpfeln und mediterranen Kräutern

Tagliata Melanzane

1 große violette Aubergine

10 gelbe Kirschtomaten

10 rote Kirschtomaten

30 g Aprikosenkerne (Bioladen)

Salz

½ Bund Rucola

200 ml Olivenöl

12 Kapernäpfel
(eingelegt, aus dem Glas)

Für die Marinade:

1 Zwiebel

je 1 kleines Bund Rosmarin,
Thymian und Oregano

100 ml Olivenöl

Salz

Pfeffer, frisch gemahlen

Die Auberginen in nicht zu dicke Scheiben schneiden, leicht einsalzen, damit sie Wasser ziehen und dadurch zarter werden. Etwa 30 Min. stehen lassen.

In der Zwischenzeit Kirschtomaten halbieren und in einer Pfanne mit etwas Olivenöl auf der Schnittseite anbraten.

Die Aprikosenkerne leicht salzen und in einer Pfanne rösten.

Rucola waschen und die Stiele entfernen. Die Blätter grob hacken.

Für die Marinade die Zwiebel fein würfeln, die Kräuter fein hacken und mit den restlichen Zutaten verrühren.

Nun die Auberginenscheiben trocken tupfen und in reichlich Olivenöl knusprig braten.

Die gebratenen Scheiben auf einem großen feuerfesten Teller nebeneinander arrangieren, die Kirschtomaten, Kapernäpfel und Aprikosenkerne darüber verteilen und mit der Marinade würzen. Nochmals kurz zum Erhitzen in den Ofen oder unter den Grill stellen.

Zum Schluss die frischen Rucolaspitzen leicht darüberstreuen und servieren.

Für 2 Personen, fertig in 40 Minuten.

KAPERNÄPFEL *sind die unreifen Früchte des Kapernstrauches, die an ihrer zwetsch- genartigen Form zu erkennen sind. Ihr Aroma ist etwas milder und salziger als das von Kapern. Kapernäpfel gibt es überall zu kaufen.*

Geschmorter Fenchel und Orangen in fruchtig-pikanter Tomatensoße aus dem Römertopf

Terra Cotta

3 Fenchelknollen

2 Orangen

2 Fleischtomaten

1 weiße Zwiebel

1 Peperoncinischote
(oder Peperoni)

200 ml Olivenöl

20 schwarze reife Oliven

30 g Mandelkerne

Salz

Pfeffer, frisch gemahlen

Die Fenchelknollen dünn schälen.

Die Orangen mit einem Messer schälen, sodass das reine Fruchtfleisch zu sehen ist.

Die Fleischtomaten entstrunken und die weiße Zwiebel abziehen.

Fenchel, Tomaten und Orangen in ½ cm dicke Scheiben schneiden.

Die Scheiben in einem Römertopf abwechselnd schuppenartig aneinanderlegen.

Peperoncinischote in Ringe schneiden. Die Gemüse- und Fruchtscheiben mit Olivenöl beträufeln, mit schwarzen Oliven, Peperonciniringen und Mandelkernen spicken und mit Salz und Pfeffer würzen.

Den Römertopf mit geschlossenem Deckel 30 Min. bei 185 Grad in den Backofen stellen. Danach den geschmorten Fenchel weitere 10 Min. ohne Deckel ziehen lassen und im Römertopf servieren.

Für 2 Personen, fertig in 30 Minuten plus 40 Minuten Garzeit.

Carpaccio von Wassermelone und Ananas mit Kokosnuss in Limonen-Minz-Marinade

Cubaņos

1 kleine Wassermelone, kernlos

1 Ananas

1 Kokosnuss

100 ml Agavendicksaft

*Saft und Abrieb von
3 unbehandelten Limonen*

1 kleines Bund Mojitominze

Wassermelone und Ananas mit einem Messer schälen. Mit einer Aufschnittmaschine (oder einem scharfen Messer) das Fruchtfleisch in gleichmäßig dünne Scheiben schneiden und wie Carpaccio auf einem Teller anrichten.

Mit einem Korkenzieher am oberen Ende der Kokosnuss zwei Löcher bohren und die Milch über einem Glas herauslaufen lassen. Dann die Milch durch ein feines Sieb geben.

Die Kokosmilch mit Agavendicksaft, Saft und Abrieb der Limonen verrühren. Mojitominze, bis auf einige beiseitegelegte Blätter, in feine Streifen schneiden und dazugeben. Mit der Kokos-Limonen-Minz-Mischung das Fruchtfleischcarpaccio marinieren.

Nun das Kokosnussfleisch fein raspeln, häufchenweise auf dem Carpaccio verteilen und mit frischer Minze garnieren.

Sehr erfrischend ist das Carpaccio, wenn man es mit Marinade 1 Stunde vor dem Servieren in den Kühlschrank stellt.

Für 2 Personen, fertig in 20 Minuten.

MOJITOMINZE: *Diese Minzart ist wegen ihres milden Aromas besonders beliebt in Cocktails. Sie wächst am Küchenfenster ebenso wie im Garten, Sie bekommen sie im Sommer aber auch auf dem Wochenmarkt. Alternative: Pfefferminze*

Pfirsich-Himbeer-Smoothie

Bellini Vital

2 weiche, reife Pfirsiche
1 Orange
2 Bananen
1 kleine Schale Himbeeren
4 EL Linsenkeimlinge
etwas Wasser

Die Pfirsiche halbieren, schälen, vom Kern lösen und das Fruchtfleisch in den Mixer geben.

Die Orange schälen und von Kernen befreien, die Bananen schälen.

Die Pfirsiche mit den Himbeeren, den Bananen, den Linsenkeimlingen, der Orange und dem Wasser in den Mixer geben und zerkleinern. Ein Sommertraum!

Für 2 Gläser, fertig in 10 Minuten.

Erdbeer-Melonen-Smoothie

Refreshing Strawberry

1 kleine Schale reife
Bio-Erdbeeren
1 kleine reife Netzmelone
1 kleine Handvoll Pfefferminzblätter
2 EL Erdmandelflocken
(Seite 154)

Die Erdbeeren waschen, abzupfen und in den Mixer geben.

Die Melone achteln, schälen und die Kerne im Inneren mit einem Löffel herausschälen. Das Melonenfruchtfleisch in kleine, mundgerechte Stücke schneiden und zu den Erdbeeren geben.

Die Pfefferminzblätter mit den Erdmandelflocken hinzufügen und alles zerkleinern. Den Smoothie mit einer Erdbeere und Minzblättchen garnieren.

Für 2 Gläser, fertig in max. 20 Minuten.

ERDMANDELN *sind die Wurzelknollen eines tropischen Grases. Die Flocken schmecken angenehm süß und eignen sich sehr gut als Ersatz für Getreideflocken. Sind im Bioladen erhältlich.*

Fruchtiges Mango-Dattel-Sorbet

Gelato Mango

3 Mangos (400 g ohne Kern)

200 ml Orangensaft, frisch
gepresst (oder selbst gemachte
Mandelmilch)

1 Vanilleschote

Abrieb 1 unbehandelten
Limette

8 entsteinte Datteln (nach
Belieben auch mehr)

2 EL weißes Mandelmus

Am Vorabend 3 Mangos schälen, den Kern in der Mitte entfernen und das Mangofleisch in Würfel schneiden. Die Mangowürfel über Nacht einfrieren.

Am nächsten Tag den frisch gepressten Orangensaft oder die Mandelmilch zusammen mit dem Abrieb der Limette, den Datteln, dem Mandelmus und der Vanilleschote in einen Mixer geben und zerkleinern, bis eine einheitliche Creme entsteht.

Nun die gefrorenen Mangowürfel dazugeben und die Fruchtmischung kurz auf höchster Stufe zu einer Eiscreme verarbeiten. Sofort servieren und genießen.

Für 2 Personen, fertig in max. 20 Minuten

plus einige Stunden Gefrierzeit.

WEISSES MANDELMUS *wird aus geschälten Süßmandeln hergestellt, die schonend blanchiert und gemahlen werden. Mandelmus ist super gesund, schmeckt angenehm mild und lieblich und ist in jedem Bioladen erhältlich.*

H

Herbst

Vermicelles von der Marone mit mariniertem Mandel-Brokkoli und Zwiebelkonfit

Keschde

250 g gegarte Maronen
(im Vakuumbeutel)

100 ml Mandelöl

Salz

Pfeffer, frisch gemahlen

1 Kopf Brokkoli

50 g Mandeln

3 rote Zwiebeln

1 kleines Bund Thymian

Agavendicksaft nach
Geschmack

1 kleine Schale Brokkoli-
sprossen

1 kleine Schale Alfalfa-Sprossen

Die Maronen im Wasserbad langsam erhitzen und durch eine Spätzle- oder Kartoffelpresse drücken. Mit Mandelöl, Salz und Pfeffer abschmecken und zu einem Püree verarbeiten.

Brokkoli in feine Röschen teilen und putzen. In kochendem Salzwasser blanchieren und in Eiswasser abschrecken, damit die grüne Farbe erhalten bleibt und der Garprozess gestoppt wird.

Die Mandeln hobeln, in Mandelöl rösten und mit Salz abschmecken.

Die roten Zwiebeln in feine Würfel schneiden (Brunoise), die Thymianblättchen abzupfen. Die Zwiebelwürfel mit Mandelöl anrösten und mit Agavendicksaft und Thymianblättern zu einer Zwiebelkonfitüre einkochen.

Das gewürzte Maronenpüree im Mikrowellenherd erwärmen und durch eine Spätzlepresse wie Spaghettieis in ein kleines Einmachglas drücken.

Die Brokkoliröschen in den gerösteten Mandeln mit Mandelöl warm glasieren und auf die Vermicelles geben. Mit Sprossen garnieren und servieren.

Für 2 Personen, fertig in 40 Minuten.

Eingelegter Chinakohl asiatisch mit Enokipilzen und Gemüsebrunoise

Kimchi

1 Kopf Chinakohl

10 g Ingwer

1 Stange Zitronengras

Salz

100 ml Sojasoße

1 TL roter Jaipur Curry

1 Bund Suppengrün

*1 Peperoncinischote
(oder Peperoni)*

*1 kleines Bund Frühlings-
zwiebeln*

100 ml geröstetes Sesamöl

3 Limonen

100 ml Agavendicksaft

5 g schwarzer Sesam

*30 g Enokipilze (Seite 154)
oder Kräuterseitlinge*

Die Blätter des Chinakohls in feine Rauten schneiden, den Ingwer schälen und fein reiben. Das Zitronengras fein hacken. Den Chinakohl mit einer Mischung aus Salz, Sojasoße, Ingwer, Zitronengras und Jaipur Curry marinieren.

In der Zwischenzeit Karotte, Sellerie und Lauch schälen und zusammen mit der Peperoncinischote in feine Würfel (Brunoise), die Frühlingszwiebeln in feine Ringe schneiden.

Die Wurzelgemüsemischung und die Frühlingszwiebeln in Sesamöl anschwitzen und unter den Chinakohl ziehen.

Das Gemüse mit dem Saft von 2 Limonen und Agavendicksaft aufpeppen und abrunden.

Das marinierte Kimchi in einer Asiaschale anrichten und mit schwarzem Sesam und den Enokipilzen garnieren. Ein Stück Limone zum Nachwürzen hinzufügen.

Für 2 Personen, fertig in 40 Minuten.

JAIPUR CURRY: *Diese feine Zusammenstellung verschiedenster Gewürze wie z. B. Bockshornkleesaat, Chilis, Korianderkörner, Kurkuma, Kreuzkümmel, Kardamom, Macis und Zimtblüten verleiht asiatischen Gerichten die nötige dezente Schärfe. Alternative: selbst mischen*

»La Ratte« und blaue Kartoffel in Meersalzkruste mit Mojo verde und Mojo rosso

Papas arrugadas sin ajo

500 g »La Ratte«-Kartoffeln
500 g blaue Kartoffeln
Meersalz
Für die Mojo verde:
1 grüne Paprika
1 grüne Peperoncinischote
(oder Peperoni)
1 grüne Tomate
1 Zwiebel
100 ml Olivenöl
1 Bund glatte Petersilie
Saft 1 Zitrone
Salz, Pfeffer, frisch gemahlen
Für die Mojo rosso:
1 rote Paprika
1 rote Peperoncinischote
1 Tomate
1 Zwiebel
100 ml Olivenöl
1 g Paprikapulver
½ Bund glatte Petersilie
Saft 1 Zitrone
Salz, Pfeffer, frisch gemahlen

Die Kartoffeln getrennt in Meersalzwasser kochen, die Knollen sollten dabei leicht vom Wasser bedeckt sein. Das Meersalz sehr großzügig verwenden, damit nach dem Kochen eine runzlige Schale bei den Kartoffeln entsteht.

Für die Soßen die Paprikaschoten, Peperoncini, Tomaten und Zwiebeln mit Olivenöl beträufelt im Backofen bei 200 Grad rösten, bis das Gemüse weich ist und leicht Farbe angenommen hat.

Von der Petersilie ein paar Zweige beiseitelegen und hacken.

Aus dem Gemüse und den übrigen Zutaten mit dem Mixstab eine homogene Soße mixen – die eine grün, die andere rot.

Beide Soßen mit gehackter Petersilie und Zitronensaft, Salz und Pfeffer abschmecken.

Die heißen, runzligen Kartoffeln in einer großen Tonschale anrichten. Die Mojos in Dipschalen mit Meersalz daneben platzieren.

Die Kartoffelschlacht kann beginnen!

Für 2 Personen, fertig in 40 Minuten inkl. 20 Minuten Garzeit.

VARIANTE: Anstatt die Kartoffeln zu kochen, können Sie sie auch, mit grobem Meersalz bestreut, im vorher gewässerten Römertopf bei 200 Grad garen. Garzeit: mindestens 1 Stunde. Die Kartoffeln werden dann im Römertopf serviert.

Gegrillte Aubergine und Butternusskürbis am Spieß mit Tahini und Za'atar

BBQ Arabica

1 Aubergine

1 kleiner Butternusskürbis

100 ml Olivenöl

2 g Kreuzkümmel

1 große Gemüsezwiebel

12 Kirschtomaten

12 schwarze Oliven

100 ml Sesampaste

100 ml heißes Wasser

Saft 1 Zitrone

100 ml Olivenöl

1 g Kreuzkümmel

Salz

Pfeffer, frisch gemahlen

Za'atar (Gewürzmischung,
erhältlich im Arabic Shop)

Die Aubergine halbieren, in daumendicke Scheiben schneiden und mit Salz bestreuen, damit sie Wasser ziehen kann und zart wird.

Butternusskürbis schälen, zerteilen und die Kerne mit einem Löffel entfernen. Das Fruchtfleisch ebenfalls in daumendicke Stücke schneiden. Diese mit Salz, Olivenöl und Kreuzkümmel marinieren.

Die Gemüsezwiebel abziehen und zwölfteln, sodass Halbmondstücke entstehen.

Das vorbereitete Gemüse inklusive ganzer Kirschtomaten und schwarzer Oliven nacheinander auf einen langen Metallspieß stecken. Die Spieße nochmals mit Olivenöl, Salz und Kreuzkümmel marinieren.

Für die Tahini die Sesampaste mit heißem Wasser, Zitronensaft, Olivenöl und Kreuzkümmel mit dem Mixstab pürieren, bis eine sämige Soße entstanden ist. Mit Salz und Pfeffer abschmecken.

Die Spieße werden unter einem Kugelgrill (Holzkohle) am besten, so bekommen sie den typischen leichten Rauchgeschmack. Mit der Sesamsoße beträufelt und dem Za'atar bestreut sind sie ein Hochgenuss.

Für 2 Personen, fertig in 50 Minuten.

VARIANTE: Die Spieße kann man auch sehr gut in der Grillpfanne und dann im Backofen bei 200 Grad garen!

Gerösteter Hokkaido-Kürbis mit Senfrauke, Bucheckernsamen und Kirschtomaten

Red Hokkaido

1 Hokkaido-Kürbis

Salz

Pfeffer, frisch gemahlen

*2 g Curry Madrocas
(Seite 154)*

125 ml Olivenöl

2 rote Zwiebeln

Saft von 2 Zitronen

100 g Senfrauke (Rucola)

16 Kirschtomaten

20 g Bucheckern (geschält)

Den Hokkaido-Kürbis halbieren, mit einem Löffel von den Innereien befreien und mit einem Messer in 12 Spalten schneiden. Die Stücke mit Salz, Pfeffer, Curry und der Hälfte des Olivenöls marinieren. Die roten Zwiebeln schälen und auf dieselbe Weise vorbereiten. Zwiebel- und Kürbisspalten auf einem Backblech bei 200 Grad ca. 25 Min. im Backofen rösten.

Das auf dem Backblech erhaltene aromatisierte Öl mit dem Zitronensaft zu einem Dressing verrühren. Die Senfrauke waschen, trockenschütteln und mit dem Dressing mischen.

Die Kirschtomaten halbieren und auf der Schnittseite in Olivenöl anbraten, bis sie etwas Farbe annehmen.

Die Bucheckern mit etwas Salz in einer Pfanne rösten.

Die Kürbis- und Zwiebelspalten mit den Tomatenhälften auf einem Teller dekorativ anrichten. Die Senfrauke darüber verteilen und die gerösteten Bucheckern darüberstreuen.

Für 2 Personen, fertig in 50 Minuten inkl. 25 Minuten Backzeit.

BUCHECKERN *sind die Früchte der Rotbuche, die Sie ab September im Wald sammeln können. Sie haben ein herrlich nussiges Aroma, sollten aber nicht roh verzehrt, sondern geröstet genossen werden. Alternative: Pistazien*

Eichenlaubsalat mit Rote-Bete-Apfel-Tatar in Granatapfel-Walnuss-Marinade

»Deutsche Eiche«

1 Kopf Eichblattsalat
(Eichenlaubsalat)

2 Knollen Rote Bete
(gekocht und geschält)

2 rote Äpfel (Sorte Gala)

1 Schalotte

1 kleines Bund Schnittlauch

1 Msp. Kümmel, gemahlen

Saft von 3 Zitronen

Agavendicksaft nach
Geschmack

2 EL Walnussöl

1 Granatapfel

20 g Walnusskerne

100 ml Walnussöl

Salz

Pfeffer, frisch gemahlen

1 kleine Schale
Radieschensprossen

Eichblattsalat in einzelne Blätter teilen, putzen und gut waschen. Die großen Blätter in mundgerechte Stücke zupfen, die kleinen ganz lassen.

Für das Tatar die Rote Bete, den entkernten Apfel und die Schalotte in feine Würfel schneiden und vermischen. Den Schnittlauch klein schneiden, 2 EL davon für die Garnitur beiseitelegen. Das Tatar mit dem Schnittlauch, Kümmel, dem Saft einer Zitrone, etwas Agavendicksaft, Walnussöl, Salz und Pfeffer gut abschmecken.

Für die Marinade den Granatapfel halbieren und mit einer Kelle behutsam auf die Schale schlagen, sodass die Kerne sich herauslösen. Einige Kerne beiseitelegen.

Walnusskerne in einer Pfanne mit etwas Salz rösten und in kleine Stücke hacken. Einen kleinen Teil der Kerne für die Deko beiseitelegen. Granatapfel- und Walnusskerne mit dem Saft von 2 Zitronen, etwas Agavendicksaft, Walnussöl, Salz und Pfeffer zu einer Marinade verrühren. Mit dieser die Salatblätter marinieren.

In einem Anrichtering den Tatar auf einem Teller anrichten. Die marinierten Eichblattsalatblätter ringsherum arrangieren. Mit Granatapfelperlen, Schnittlauchringen, Radieschensprossen und Walnusskernen garnieren.

Für 2 Personen, fertig in 40 Minuten.

Marinierte Kopfsalatherzen mit fein getrüffeltem Kohlrabi und Champignons

Testa di Tartufo

2 Kopfsalate
16 Champignons
50 ml Distelöl
2 mittelgroße Kohlrabi
1 Schalotte
1 Trüffelknolle (20–30 g, Sorte Asiatrüffel, weißer Trüffel oder Perigordtrüffel)
Saft von 2 Zitronen
50 ml Distelöl
2 TL Trüffelöl
Salz
Pfeffer, frisch gemahlen
Agavendicksaft nach Geschmack
1 kleine Schale Rotkohlsprossen

Die Salatköpfe in einzelne Blätter zerlegen, die gelben Herzen beiseitelegen.

Die Champignons vom Stiel befreien, mit einer Messerspitze ein Sternmuster in die Pilzköpfe drücken. Die Pilzköpfe in etwas Distelöl auf dieser Seite anbraten, salzen und pfeffern, dann ziehen lassen.

Die Kohlrabiknollen schälen, mit dem Gemüsehobel zuerst in feine Scheiben, dann in feinste Streifen (Julienne) schneiden.

Für die Trüffelmarinade die Schalotte in sehr feine Würfel (Brunoise) schneiden, den Trüffel hobeln. Schalottenwürfel und Trüffel mit dem Saft der Zitronen, Distel- und Trüffelöl, Salz, Pfeffer und Agavendicksaft verrühren.

Die Kohlrabistreifen in der Trüffelmarinade einlegen und ziehen lassen, bis das Aroma des Trüffels eingezogen ist. Die Kopfsalatherzen ebenfalls darin marinieren.

Die Salatherzen und Kohlrabistreifen auf einem Teller abwechselnd stapeln, sodass ein kleines Salattürmchen entsteht. Die gebratenen Champignons rundherum arrangieren. Den Salataufbau mit Rotkohlsprossen dekorieren.

Zum Schluss kann, je nach Geldbeutel, noch weißer oder schwarzer Trüffel über das Kunstwerk gehobelt werden.

Für 2 Personen, fertig in 50 Minuten inkl. 20 Minuten Marinierzeit.

Gefüllte Chicoréespitzen mit marinierter Avocado und gerösteten Paranüssen

Brüsseler Spitze

1 Kopf roter Chicorée

1 Kopf gelber Chicorée

2 reife Avocados (Sorte Hass)

1 Peperoncinischote
(oder Peperoni)

1 Schalotte

25 ml Avocadoöl

Saft von 2 Zitronen

2 unbehandelte Dessertorangen

2 Msp. Sumach (Seite 160)

50 ml Agavendicksaft

Salz

Pfeffer, frisch gemahlen

15 Paranusskerne

1 kleine Schale Rock-Chive-
Sprossen (Seite 159) oder
Schnittlauchspitzen

Roten und gelben Chicorée waschen und in einzelne Blätter zerteilen.

Für die marinierten Avocadowürfel die Avocados halbieren und den Kern entfernen. Mit einem Löffel das Fruchtfleisch auslöffeln und in kleine Stücke schneiden. Peperoncini und Schalotte in feinste Würfel (Brunoise) schneiden.

Peperoncini- und Schalottenbrunoise mit den Avocadowürfeln, Avocadoöl und dem Saft einer Zitrone mischen, mit Salz und Pfeffer abschmecken.

Für die Marinade die Schale einer Orange fein reiben. Beide Orangen filetieren, dabei den Saft in einem Teller auffangen. Abgeriebene Orangenschale, Saft und Filets der Orangen mit dem restlichen Zitronensaft, Sumach, Agavendicksaft, Salz und Pfeffer vermengen und ziehen lassen.

In der Zwischenzeit die Paranusskerne mit etwas Salz in einer Pfanne rösten.

Die Chicoréeblätter farblich abwechselnd dekorativ auf einem Teller anrichten. Mit den marinierten Avocadowürfeln füllen und mit den Orangenfilets belegen.

Den Salat kräftig mit der Marinade beträufeln und mit den Rock-Chive-Sprossen und den Paranusskernen garnieren.

Für 2 Personen, fertig in 30–40 Minuten.

Japanische Brühe von Shiitakepilzen, Zuckerschoten und Kombu-Alge

Nippon,

50 g Kombu-Algen

1 große Zwiebel

1 kleine Peperoncinischote (oder Peperoni)

350 g Shiitakepilze

1 kleines Bund Koriander

50 ml Sesamöl

100 ml Sojasoße

100 g Zuckerschoten (alternativ: junge Erbsen)

100 g Bambussprossen

Agavendicksaft nach Geschmack

Kombu-Algen einen Tag im Voraus in 750 ml Wasser einweichen. Anschließend die Algen im Einweichwasser weich kochen, etwas abkühlen lassen und in feine Streifen schneiden. Den Algenfond beiseitestellen.

Die Zwiebel ebenfalls in feine Streifen, Peperoncinischote in Ringe schneiden. Shiitakepilze säubern, von den Stielen befreien. Korianderblätter hacken.

Zwiebel und Peperoncini in Sesamöl anrösten, die ganzen Shiitakepilzkappen hinzugeben und mitrösten. Die Pilze mit dem gewonnenen Algenwasser auffüllen, mit Sojasoße abschmecken und weich kochen. Kurz vor dem Anrichten die fein geschnittenen Kombu-Algen, die Zuckerschoten und Bambussprossen dazugeben.

Mit gehacktem Koriander und Agavendicksaft die Brühe nochmals abrunden.

Die Suppe in einer asiatischen Suppenschale anrichten und mit Stäbchen servieren.

Für 4 Personen, fertig in 30 Minuten plus 12 Stunden Einweichzeit.

KOMBU, *auch Kelp genannt, ist eine Braunalge, die ihren milden bis kräftigen Geschmack ihrer Herkunft aus klaren, kalten Gewässern verdankt. Frisch können Sie Kombu manchmal beim Fischhändler bekommen, sonst in getrockneter Form im Bio- oder Asialaden.*

Getrüffelte Schwarzwurzelsuppe mit jungem Lauch und Tartufata

Spargel des armen Mannes

500 g Schwarzwurzeln

1 große Kartoffel

1 Stange Lauch

1 Schalotte

100 ml Distelöl

750 ml Mandelmilch

Tartufata (Trüffelpaste)

Salz

Pfeffer, frisch gemahlen

Schwarzwurzeln und Kartoffel schälen und in kleine Stücke schneiden.

Lauch putzen und das Weiße von Lauch ebenfalls in kleine Stücke schneiden.

Ein Drittel der Schwarzwurzeln, das Grüne vom Lauch und die Kartoffel in feine Würfel schneiden, blanchieren und als Suppeneinlage beiseitelegen.

Die Schalotte in feine Würfel schneiden, mit den restlichen Schwarzwurzeln und den weißen Lauchstückchen in Distelöl anschwitzen. Das Gemüse mit der Mandelmilch aufgießen und weich kochen. Mit dem Mixstab fein pürieren und mit der Tartufata, Salz und Pfeffer abschmecken.

Die Suppeneinlage leicht erwärmen und in der Mitte eines schönen Suppentellers arrangieren. Die fertige, aufgeschäumte Suppe eingießen. Wer möchte, kann sich noch frischen Trüffel darüber hobeln.

Für 4 Personen, fertig in 50 Minuten.

TARTUFATA *ist eine köstliche, küchenfertige Sauce aus Olivenöl, Trüffelöl, Trüffel- und Champignonstücken, die Sie im Feinkostladen bekommen. Ein Klassiker der italienischen Gourmetküche!*

Karotten-Ingwer-Suppe mit Kanzi-Apfel, Affila-Kresse und gerösteten Mandeln

Touch of India

1 Bund (500 g) feine Karotten
mit Grün

2 Zwiebeln

1 Peperoncinischote
(oder Peperoni)

20 g Ingwer

50 ml Macadamianussöl

750 ml Mandelmilch

1 Msp. Curry

Salz

20 g Mandeln, gehobelt

1 Kanzi-Apfel

1 Schale Affila-Kresse

Karotten und Zwiebeln schälen und in kleine Stücke schneiden.

Einen Teil der Karotten fein würfeln und für die Suppeneinlage beiseitestellen. Die Peperoncinischote kleinschneiden, den Ingwer schälen und reiben.

Karotten, Zwiebeln und Peperoncini mit dem Macadamianussöl anschwitzen, mit der Mandelmilch auffüllen und weich kochen. Das Gemüse mit dem Mixstab pürieren und mit Ingwer, Curry und Salz abschmecken.

Die Karottenwürfel anrösten. Die gehobelten Mandeln mit etwas Salz in einer Pfanne goldbraun rösten.

Den Apfel ungeschält mit der groben Seite einer Vierkantreibe reiben.

Die gerösteten Karottenstücke in der Mitte des Tellers arrangieren. Den Teller mit der Suppe auffüllen und den geriebenen Apfel in der Mitte platzieren. Die Suppe mit Affila-Kresse, ein paar Tropfen Macadamianussöl, den gerösteten Mandeln und aufgeschäumter Mandelmilch garnieren und servieren.

Für 4 Personen, fertig in 40 Minuten.

AFFILA-KRESSE *ist mit ihren dekorativen »Locken« ein schöner Blickfang. Ihr zarter Geschmack erinnert an frische Zuckererbsen. Als Alternative bieten sich Erbsensprossen, selbst gezogen oder aus dem Bioladen, an.*

Glasierte Wirsingbällchen mit gebratenen Austernseitlingen und Rauchmandelschaum

Dome & Mushroom

1 mittelgroßer Wirsingkohl

2 Schalotten, gewürfelt

50 ml Rapsöl

200 ml Mandelmilch

Salz

Pfeffer, frisch gemahlen

Muskatnuss

350 g Austernpilze

1 rote Zwiebel

50 ml Rapsöl

1 kleines Bund glatte Petersilie, gehackt

40 g Rauchmandeln, gehackt

1 kleine Schale Rote-Bete-Sprossen

Den Wirsingkopf entblättern bis zum gelben Inneren. Die äußeren grünen Blätter 2–3 Min. blanchieren und in Eiswasser abschrecken.

Das Herz des Wirsingkohls in feinste Streifen schneiden, mit den Schalottenwürfeln in Rapsöl anschwitzen, mit Mandelmilch aufgießen und dünsten. Mit Salz, Pfeffer und Muskatnuss abschmecken. Die »Mandel-Kohl-Milch« für später aufheben.

Die äußeren Kohlblätter jeweils in eine mit einem Tuch ausgelegte Schöpfkelle legen und diese mit den Kohlstreifen befüllen. Das Tuch aus der Kelle in die Hand nehmen und langsam zudrehen, sodass der Saft herauslaufen kann und eine Kohlkugel (Dom) entsteht.

Den Saft mit der restlichen Mandel-Kohlmilch mischen, mit der Hälfte der Rauchmandeln anreichern. Salzen und pfeffern.

Austernpilze in mundgerechte Stücke, die Zwiebel in feine Streifen schneiden. Die Pilzstücke in Rapsöl scharf anbraten, Zwiebeln hinzugeben und ebenfalls anbraten. Mit Salz, Pfeffer und Petersilie würzen.

Die Wirsingbällchen in der Rauchmandelmilch erhitzen.

Die Austernpilze in der Mitte des Tellers arrangieren und die Wirsingdome darauf anrichten. Mit der aufgeschäumten Rauchmandelmilch übergießen. Restliche Rauchmandeln darüberstreuen und mit Rote-Bete-Sprossen garnieren.

Für 2 Personen, fertig in 60 Minuten.

Warmes Pastinakenhummus mit gerösteten Pistazien und glasiertem Rübengemüse

Paste Arabica

20 g Pistazien

1 Karotte

1 Butterrübe

1 Navette

4 Pastinaken

1 Süßkartoffel

1 Zwiebel

50 ml Olivenöl

Salz

Pfeffer, frisch gemahlen

1 g Kreuzkümmel

30 g Sesampaste

50 ml Arganöl (Seite 152)
(alternativ: Walnussöl)

Die Pistazien in einer Pfanne mit etwas Salz rösten und grob hacken.

Karotte, Butterrübe, Navette und 1 Pastinake schälen und in 4 cm lange und ½ cm dicke Stäbchen schneiden. Aus den Schalen und Endstücken sowie ½ Liter Wasser einen Gemüsefond kochen. In diesem Fond die Gemüsestäbchen etwa 2 Min. blanchieren, damit sie noch leicht Biss haben.

Für das Hummus die Süßkartoffel und 3 Pastinaken in kleine Stücke schneiden, die Zwiebel abziehen und fein würfeln. Zwiebel, Pastinaken- und Süßkartoffelstücke in Olivenöl anschwitzen und in dem entstandenen Gemüsefond weich garen.

Mit dem Mixstabstab pürieren und das Hummus mit Salz, Pfeffer, Kreuzkümmel, Sesampaste und Arganöl abschmecken.

Die Gemüsestäbchen mit Arganöl, Salz und etwas Gemüsefond glasieren.

Das Pastinakenhummus warm in eine Tonschale füllen und mit Arganöl und Kreuzkümmel garnieren. Die Schale in die Mitte eines Tellers oder einer Platte stellen. Rundherum das glasierte Gemüse arrangieren. Die gehackten Pistazien auf das Hummus streuen.

Für 2 Personen, fertig in 50 Minuten.

NAVETTE *oder auch Mairübe, eine wiederentdeckte Speiserübe, schmeckt angenehm mild und süß, ähnlich wie Kohlrabi. Sie hat Saison von Mai bis Juni und ist auf dem Wochenmarkt oder auch in gut sortierten Supermärkten zu finden.*

Konjak-Nudeln mit Baby-Pak-Choi und Karottenblumen in Ingwer-Chili-Marinade

Teufelszunge

300 g Konjak-Nudeln

4 Baby-Pak-Choi (Seite 158)
(alternativ: Mangold)

2 Karotten

2 Schalotten

je 50 ml Sesam- und Rapsöl

Salz, Pfeffer, frisch gemahlen

5 g Ingwer

1 kleine Peperoncinischote
(oder Peperoni)

1 kleines Bund Koriander

1 kleines Bund Thai-Basilikum
(Seite 160)

100 ml Sojasoße

100 ml Sesamöl

etwas Agavendicksaft

2 g schwarzer Sesam

1 kleine Schale Erbsensprossen
(oder Affila-Kresse)

Die Konjak-Nudeln aus dem Einlegewasser nehmen, gut mit kaltem Wasser abspülen und im Wasserdampf 15 Min. garen.

Baby-Pak-Choi waschen, putzen und in feine Stücke schneiden. Die Karotten schälen und mit einem Ziseliermesser der Länge nach feine Streifen einschneiden, sodass man dann beim Scheibenschneiden zarte Blumen erhält. Die Schalotten in feine Ringe schneiden.

In einem Wok oder einer Pfanne die Raps-Sesamöl-Mischung erhitzen, die Karottenblumen, dann die Schalotten und Pak-Choi darin scharf anbraten und mit Salz und Pfeffer würzen.

Für die Marinade den Ingwer schälen und reiben, Peperoncinischote, Korianderblätter und Thai-Basilikum fein hacken und mit Sojasoße, Sesamöl, Agavendicksaft und Salz fein abschmecken.

Die Sesamsamen in einer Pfanne leicht rösten.

Das gewokte Gemüse in einem tiefen Teller anrichten. Darauf die gedämpften Konjak-Nudeln arrangieren und alles mit der Marinade beträufeln. Mit Erbsensprossen und gerösteten schwarzen Sesamsamen garnieren.

Für 2 Personen, fertig in 50 Minuten inkl. 15 Minuten Garzeit.

KONJAK-NUDELN, *aus dem Mehl der Konjakwurzel (Teufelszunge) hergestellt, sind geschmacksneutral und daher ideal, um die Aromen der anderen Zutaten in sich aufzunehmen. Sie bekommen sie im Asialaden. Alternative: aus Pastinaken gehobelte Spaghetti*

Gebratener Pinova-Apfel und Halloween-Kürbis auf Feldsalat-Schalotten-Gemüse

Halloween

40 g Walnusskerne

2 Äpfel (Sorte Pinova)

1 kg Halloween-Kürbis
(z. B. Sorte Howden)

5 g Curry

Salz

Pfeffer, frisch gemahlen

200 ml Walnussöl

2 Schalotten

350 g Feldsalat

1 kleine Schale Fenchelsprossen

Die Walnusskerne zerbröseln und in einer Pfanne mit etwas Salz rösten.

Die Äpfel sechsteln und die Spalten entkernen.

Den Halloween-Kürbis von der Schale befreien und in gleich große Stücke wie die Apfelspalten schneiden.

Apfel- und Kürbisstücke mit Curry, Salz und Pfeffer marinieren und in einer Pfanne mit etwas Walnussöl auf allen Seiten gut anbraten. Die Stücke auf einem Backblech im Backofen 15–20 Min. bei 185 Grad garen.

In der Zwischenzeit die Schalotten in Würfel schneiden. Den gewaschenen Feldsalat mit den Schalottenwürfeln in Walnussöl anbraten und mit Salz und Pfeffer würzen.

Den geschwenkten Feldsalat der Länge nach auf einer ovalen Platte anrichten. Die Kürbis- und Apfelstücke vom Ofen direkt auf die Platte geben, mit den gerösteten Walnusskernen bestreuen und mit dem Saft vom Backofenblech beträufeln.

Die Krönung sind die Fenchelsprossen (selbst gezogen), die dem Gericht eine wunderbar frische Note verleihen.

Für 2 Personen, fertig in 50 Minuten inkl. 15 Minuten Garzeit.

Brombeer-Bananen-Smoothie

Blackberry Power

2 EL Mandeln

2 Bananen

2 Kiwis

1 Schälchen Brombeeren

1 Handvoll Wildkräuter

Die Mandeln in einer Pfanne leicht anrösten, anschließend mahlen.

Die Bananen schälen und in grobe Stücke zerteilen.

Die Kiwis ebenfalls schälen und in Stücke schneiden. Die Brombeeren waschen und sorgfältig verlesen. Alle Früchte in den Mixer geben.

Die Wildkräuter waschen und hinzufügen. Zum Schluss die gerösteten Mandeln dazugeben und alles zerkleinern.

Für 2 Gläser, fertig in max. 20 Minuten.

Marinierte Williams Christbirne mit Dörrobst-Allerlei und Schaum von gerösteten Mandeln

»Ein Willi bitte«

50 g gehobelte Mandeln

2 reife Williams Christbirnen

*Saft und Abrieb von
3 unbehandelten Orangen*

*Saft und Abrieb von
2 unbehandelten Zitronen*

1 Msp. Zimt

1 Msp. Safran

100 ml Agavendicksaft

200 ml Mandelmilch

60 g Dörrobst, gemischt

*1 kleine Schale Steviakresse
(Seite 160)*

Die gehobelten Mandeln in einer Pfanne goldbraun rösten.

Die Williams Christbirnen schälen und mit einem Messer durch den Stiel hindurch halbieren. Mit einem Parisiennelöffel das Kerngehäuse entfernen.

Saft und Abrieb der Orangen und Zitronen, Zimt, Safran und Agavendicksaft mit der Mandelmilch verrühren, die Birnen in der Flüssigkeit in einem Topf bei geschlossenem Deckel langsam weich garen (pochieren).

Das Dörrobst hacken. Birnen aus dem Sud nehmen, die Dörrobststücke und die Mandeln in die Mandelmilch geben und ziehen lassen. Das Ganze durch ein Sieb gießen, damit man die aromatisierte Mandelmilch ohne Einlage zum Aufschäumen erhält.

Die Mandelmilch in den Kühlschrank stellen und kurz vor dem Anrichten mit einem Milchaufschäumer aufschäumen.

Die Birnenhälften in je einen kleinen Suppenteller platzieren.

Die Dörrobststücke darüberstreuen, den aromatisierten Mandelschaum darübergeben und mit gerösteten Mandeln und frischer Steviakresse garnieren.

Für 2 Personen, fertig in 60 Minuten inkl. 30 Minuten Kühlzeit.

W
Winter

Tondo di Chioggia

Gebratener Knollenziest aus dem Wok mit Ingwer, Möhren und Shiitakepilzen

Japanische Kartoffel

80 g frische Shiitakepilze

1 Karotte

2 Frühlingszwiebeln

1 rote Zwiebel

10 g Ingwer

120 g Knollenziest (Seite 156)

100 ml geröstetes Sesamöl

100 ml Sojasoße

1 Peperoncinischote

etwas Agavendicksaft

Shiitakepilze vom Stiel befreien und in feine Streifen schneiden.

Die Karotte schälen und würfeln. Frühlingszwiebeln in Ringe, die rote Zwiebel in Streifen schneiden. Den Ingwer schälen und fein reiben.

Knollenziest (auch japanische Kartoffel genannt) gut waschen, trocknen, in Sesamöl in einem Wok kurz anbraten und ziehen lassen.

Die Pilze und das restliche Gemüse dazugeben, abermals gut im Wok schwenken und mit Sojasoße und geriebenem Ingwer würzen. Das Wokgemüse mit gehackter Peperoncinischote und Agavendicksaft geschmacklich abrunden.

Die Japanische Kartoffel in einer Asia-Schale mit Stäbchen servieren.

Für 2 Personen, fertig in 30 Minuten.

Carpaccio von der Chioggia-Bete mit gerösteten Bucheckern in Kümmelöl

Tondo di Chioggia

20 g Bucheckern (Seite 153)

2 große Knollen Chioggia Bete

1 große Schalotte

1 kleines Bund glatte Petersilie

20 ml Kümmelöl

1 Msp. Kümmel, gemahlen

Saft von 2 Zitronen

1 Msp. Sumach (Seite 160)

Salz, Pfeffer

1 kleine Schale Rucola-Kresse

Geschälte Bucheckern mit etwas Salz in einer Pfanne rösten.

Die Chioggia-Bete in ca. 25 Min. »al dente« kochen. Bitte nicht weich garen, da sie sonst ihre 2 Farben verliert. Unter lauwarmem Wasser die Schale abrubbeln, dann mit einem Gemüsehobel in hauchfeine Scheiben schneiden und schuppenartig auf einem Teller arrangieren.

Die Schalotte in Würfel schneiden, die Petersilie fein hacken. Beides zusammen mit Kümmelöl und -pulver, Zitronensaft, Sumach, Salz und Pfeffer zu einer Marinade verrühren. Mit dieser das Chioggia-Bete-Carpaccio großzügig marinieren. Die Bucheckern und die Rucola-sprossen darüber verteilen.

Für 2 Personen, fertig in 40 Minuten inkl. 25 Minuten Garzeit.

CHIOGGIA-BETE *aus Italien wird bei uns wegen ihrer hübschen rot-weißen Ringel auch Ringelrübe genannt. Sie hat ein sehr feines, süßliches Aroma. Alternative: Rote Bete*

Papilotte von Urkarotten mit geröstetem Sesam und Winterportulak

Newspaper

8 Urkarotten (Seite 160)
(alternativ: Karotten)

15 Perlzwiebeln (alternativ:
das Weiße von Frühlings-
zwiebeln)

150 ml Traubenkernöl

1 Lorbeerblatt

2 Thymianzweige

2 g rosa Pfeffer

30 g Schnittlauch

5 g Sesam, geröstet

Saft von 2 Zitronen

Agavendicksaft nach
Geschmack

Salz

4 Handvoll Winterportulak
(Seite 161)

Urkarotten schälen und schräg in daumendicke Stücke schneiden. Die Perlzwiebeln schälen, halbieren und mit den Karotten vermischen.

Das Gemüse mit Salz, einem Drittel des Traubenkernöls, Lorbeerblatt, Thymian und den aufgeschlagenen rosa Pfefferkörnern marinieren.

Das marinierte Gemüse in Butterbrot- oder Backpapier legen und so einpacken, dass kein Dampf beim Garen entweichen kann. Am besten die Ränder einschlagen und mit einem Bürotacker fixieren. Das Gemüse bei 175 Grad 25 Min. im Backofen garen.

Für die Marinade den Schnittlauch fein schneiden. Das restliche Traubenkernöl mit den Sesamsamen, Zitronensaft, etwas Agavendicksaft und Salz verrühren. Einen Teil der Schnittlauchröllchen hinzugeben, die andere Hälfte separat in einem kleinen Gefäß anrichten.

Den Winterportulak putzen und die Blätter vom Stängel abzupfen.

Die »Backofentüte« auf einem Teller platzieren und mit der Marinade und den Portulakblättern servieren. Die Tüte aufschneiden, die Karotten mit der Marinade beträufeln und mit den Portulakblättern bestreuen. Fertig ist eine tolle warm-kalte Vorspeise.

Für 2 Personen, fertig in 40 Minuten inkl. 25 Minuten Garzeit.

Gemüsezwiebel aus dem Ofen mit Süßkartoffel-Dip, geräucherten Mandeln und Oliven

Cipolle con Batate

2 große Süßkartoffeln

1 Rosmarinzweig

1 Thymianzweig

200 ml Olivenöl

Saft 1 Zitrone

10 g Kapern

Salz

Pfeffer, frisch gemahlen

2 große Gemüsezwiebeln

10 g geräucherte Mandeln

10 schwarze Oliven

1 kleine Schale Zwiebelsprossen

Die Süßkartoffeln schälen und weich kochen. Den Rosmarin fein hacken, die Thymianblättchen abzupfen.

Die Kartoffeln nach dem Abkühlen mit der Hälfte des Olivenöls, dem Zitronensaft, Kapern, Rosmarin, Thymianblättern, Salz und Pfeffer mit dem Mixstab zu einem schmackhaften Dip pürieren.

Die großen Gemüsezwiebeln mit der Schale achteln, ohne sie ganz durchzuschneiden, sodass eine »geschlossene Blüte« entsteht. Diese mit Salz und dem restlichen Olivenöl würzen und bei 185 Grad im Backofen backen, bis Röstaromen entstehen und die Zwiebel gar ist.

Die »Zwiebelblume« auf einem Teller mit der Schale leicht auseinander ziehen und mit dem Süßkartoffeldip füllen.

Die geräucherten Mandeln grob hacken. Schwarze Oliven, Mandelsplitter und Zwiebelsprossen »on top« runden das Bild ab.

Nun werden die Zwiebelblätter der Blüte, ähnlich wie bei einer Artischocke, einzeln abgezogen. Ein tolles Snackvergnügen!

Für 2 Personen, fertig in 60 Minuten inkl. 30 Minuten Garzeit.

Salat von mariniertem Gemüse mit Ingwer, Zitronengras und Sakura-Mix-Kresse

Asia B52 Salad

1 kleiner weißer Rettich

2 Karotten

1 Spitzkohl

Salz

Agavendicksaft nach Geschmack

200 ml Sojasoße

10 g Ingwer

3 Stangen Zitronengras

1 Peperoncinischote (oder Peperoni)

3 g Kurkuma, gemahlen

200 ml Sesamöl

Saft und Abrieb von 4 unbehandelten Limonen

1 kleines Bund Koriander

1 kleines Bund Thai-Basilikum (Seite 160)

Sakura-Mix-Kresse

Den Rettich und die Karotten schälen und der Länge nach mit einer Aufschnittmaschine in hauchdünne Scheiben schneiden. Die Gemüse mit dem Spitzkohl zusammen mit einem Messer in feine Rauten schneiden, anschließend mit Salz, Agavendicksaft und Sojasoße 1 Stunde marinieren.

In der Zwischenzeit den Ingwer schälen und reiben, das Zitronengrasherz klein schneiden und die Peperoncinischote in feinste Würfel (Brunoise) schneiden. Ingwer, Zitronengras und Peperoncinibrunoise zu dem marinierten Gemüse geben.

Den Salat mit Kurkuma, Sesamöl, Limonensaft und -abrieb würzen. Gut durchkneten, damit das Gemüse zart wird und seinen vollen Geschmack entfalten kann.

Koriander und Thai-Basilikum fein hacken und unter den Salat ziehen.

Um dem Namen B52 gerecht zu werden, den Salat in Longdrinkgläser füllen und mit der Sakura-Mix-Kresse garnieren. Eine Limonenscheibe am Glasrand erhöht den Cocktaileffekt.

Für 2 Personen, fertig in 90 Minuten inkl. 60 Minuten Marinierzeit.

SAKURA-MIX-KRESSE *ist eine Mischung verschiedener Kressesorten mit unterschiedlichen Aromen. Die Sakura-Kresse z. B. schmeckt nach Radieschen und verleiht durch ihre tiefrote Farbe jedem Gericht einen besonderen Akzent. Alternative: Rock Chives oder einfach Gartenkresse*

Salat von Löwenzahnspitzen mit Zwiebelsprossen und gerösteten Gemüsechips

Lion King

3 Bund gelber oder weißer Löwenzahn

1 mittelgroße Karotte

1 mittelgroßes Stück Sellerie (ca. 300 g)

1 Petersilienwurzel

1 kleines Bund Thymian

1 Bund Kerbel

1 rote Zwiebel

Saft von 4 Limonen

100 ml Haselnussöl

Agavendicksaft nach Geschmack

Salz

Pfeffer, frisch gemahlen

etwas Muskatnuss

1 Schale Zwiebelsprossen

Die Löwenzahnblätter mit einer Schere von der Wurzel abschneiden und in lauwarmem Wasser kurz baden, um eventuelle Bitterstoffe zu mildern. Danach die Blätter für 20 Min. in kaltes Wasser legen, damit sie wieder fest werden.

Für die Gemüsechips das Wurzelgemüse schälen und mit einem Gemüsehobel oder einer Aufschnittmaschine hauchfein schneiden. Die Scheiben auf einem mit Backpapier ausgelegten Backblech nebeneinander verteilen und im Backofen bei 175 Grad trocknen, bis sie leicht Farbe annehmen und richtig knusprig sind. Die fertigen Gemüsechips leicht salzen.

Für das Dressing die Thymianblätter von den Stängeln zupfen, einige Blätter für die Garnitur beiseitelegen. Kerbel fein hacken, ein paar Zweige beiseitelegen. Die Zwiebel fein würfeln. Thymianblätter und Zwiebelwürfel mit dem Saft der Limonen, Haselnussöl und Agavendicksaft verrühren und das Dressing mit gehacktem Kerbel, Salz, Pfeffer und Muskatnuss abschmecken.

Die Löwenzahnspitzen auf einer länglichen Platte auslegen, mit dem Dressing marinieren und mit den Gemüsechips umlegen. Die Zwiebelsprossen und Kerbelzweige »on top« anrichten.

Für 2 Personen, fertig in 60 Minuten inkl. 30 Minuten Backzeit.

Salat von Fenchel und Trevisano mit rosa Grapefruit und Honigkresse

Finocchio

2 Fenchelknollen

Saft 1 Zitrone

Saft und Abrieb
1 unbehandelten Orange

125 ml natives Olivenöl

2 Köpfe Trevisano (länglicher
Radicchio aus dem Veneto)

2 rosa Grapefruits

2 Schalen Honigkresse
(Steviakresse)

20 g Pistazien

2 EL Agavendicksaft

Meersalz

schwarzer Pfeffer, frisch
gemahlen

Die Fenchelknollen mit einem Sparschäler grob schälen und das Fenchelgrün aufheben. Den Fenchel in feine Streifen hobeln und mit Salz, Pfeffer, dem Saft einer halben Zitrone und einer halben Orange und etwas Olivenöl marinieren. Fenchelgrün hacken und dazugeben.

Den Trevisano jeweils in einzelne Blätter aufblättern und den bitteren Strunk entfernen.

Die Grapefruits so schälen, dass die weiße Haut vollständig mit entfernt wird. Die Filets mit einem Messer zwischen den Trennhäuten herauslösen.

Honigkresse mit der Schere vom Nährboden trennen. Pistazien in einer Pfanne mit etwas Salz rösten.

Aus Agavendicksaft, dem restlichen Orangen- und Zitronensaft, Abrieb der Orange, Olivenöl, Salz und Pfeffer eine Marinade herstellen.

Die länglichen Trevisanoblätter wie eine Blüte auf dem Teller arrangieren und mit dem Fenchelsalat füllen.

Die Grapefruitfilets auf dem Fenchelsalat verteilen und alles mit der süß-säuerlichen Marinade aromatisieren. Den krönenden Abschluss bilden die süße Honigkresse und die gerösteten Pistazienkerne.

Für 2 Personen, fertig in 40 Minuten.

STEVIAKRESSE *(auch Honigkresse) ist aus der Steviasaat gezogene Kresse, deren süßlicher Geschmack an Lakritze erinnert. Als Alternative können Sie Kresse und Agavendicksaft verwenden.*

Feldsalat mit Granatapfelperlen, gehobelter Abate-Fetel-Birne und gebratenen Maronen

Hirschkolben & Mausohrsalat

350 g Feldsalat
(auch Mausohrsalat genannt)

1 Granatapfel

1 große Birne
(Sorte Abate Fetel)

2 Schalotten

5 g Sumach

100 ml Walnussöl

Saft von 2 Zitronen

Agavendicksaft nach
Geschmack

Salz

Pfeffer, frisch gemahlen

200 g Maronen
(gekocht und geschält)

Den Feldsalat gründlich waschen, die kleinen Wurzeln entfernen.

Den Granatapfel halbieren, mit einer großen Kelle leicht auf die Schale der Granatapfelhälften klopfen, sodass die Perlen sich herauslösen.

Die Birne der Länge nach mit einer Aufschnittmaschine oder dem Gemüsehobel so aufschneiden, dass bei den Scheiben die Birnenform im Ganzen zu erkennen ist.

Für das Sumach-Dressing die Schalotten fein würfeln und in einer Pfanne leicht anbraten. Sumach, die Hälfte des Walnussöls, Zitronensaft und Agavendicksaft miteinander verrühren und die Schalottenwürfel dazugeben. Mit Salz und Pfeffer würzen und das Dressing mit dem Feldsalat mischen.

Die Maronen in dem restlichen Walnussöl anbraten.

Den marinierten Feldsalat in der Mitte einer Salatbowl locker fallend anrichten, die Birnenscheiben elegant daranlegen und die Granatapfelperlen darüberstreuen. Zum Schluss den Salat mit den gebratenen Maronen garnieren.

Eine tolle Sache!

Für 2 Personen, fertig in 30 Minuten.

SUMACH *sind die getrockneten roten Beeren des Essigbaums (eines Verwandten des Hirschkolbensumach), die vor allem in der orientalischen Küche als Gewürz verwendet werden. Mit seiner säuerlich herben Note ist Sumach eine schöne Alternative zu Essig oder Zitronensaft und Pfeffer.*

Spitzkohleintopf mit Kartoffelrauten, Wurzelwerk und Kräutern

Außerirdischer Kohlkopf

1 kleiner Spitzkohl

1 kleine Knolle Sellerie

1 mittelgroße Karotte

1 kleine Stange Lauch

1 rote Zwiebel

750 ml Gemüsefond

100 ml Rapsöl

1 mittelgroße Kartoffel, mehlig

Salz

Pfeffer, frisch gemahlen

Macisblüte, gemahlen (alternativ: Muskatnuss)

1 kleines Bund glatte Petersilie

1 kleines Bund Schnittlauch

1 kleines Bund Kerbel

1 kleines Bund Estragon

Spitzkohl von den äußeren Blättern befreien, vierteln und entstrunken. Die einzelnen Blätter mit dem Messer in feinste Streifen schneiden.

Sellerie und Karotte schälen, mit dem Gemüsehobel oder der Aufschnittmaschine in feine Scheiben, dann ebenfalls in feinste Streifen schneiden.

Die Lauchstange der Länge nach halbieren, waschen und auch in Streifen schneiden, ebenso die Zwiebel.

Aus den Gemüseschalen und -endstücken einen Gemüsefond kochen.

In reichlich Rapsöl erst die Zwiebel, dann die restlichen Gemüsesorten anschwitzen, mit Gemüsefond bedecken und etwas köcheln lassen, bis das Gemüse gar, aber noch »al dente« ist.

Die Kartoffel schälen und mit einer Reibe in den Eintopf reiben. Diesen nochmals aufkochen, sodass eine schöne, sämige Bindung entsteht. Mit Salz, Pfeffer und Macisblüte abschmecken.

Petersilie, Schnittlauch, Kerbel und Estragon hacken. Die Kräuter in eine große Suppenterrine geben und mit dem heißen Eintopf übergießen. Diesen 5 Min. ziehen lassen, umrühren und servieren.

Für 4 Personen, fertig in 50 Minuten.

MACISBLÜTE nennt man die Ummantelung der Muskatnuss. Sie erinnert geschmacklich an die Muskatnuss, besitzt aber ein wesentlich eleganteres, wunderbar balsamisch-herbes Aroma, durch das sich jedes Gericht ganz fein veredeln lässt. Im Online-Handel am einfachsten zu bekommen.

Rote-Bete-Süppchen mit Ingwer und gerösteten Mandelsplittern

Das Blut der Erde

10 g Mandelsplitter

10 Knollen Rote Bete

2 Schalotten

1 TL Kümmelöl

50 ml Rapsöl

400 ml Mandelmilch

2 große mehligkochende Kartoffeln

20 g Ingwer

Saft von 2 Zitronen

Salz

Pfeffer, frisch gemahlen

1 Msp. Kreuzkümmel

Agavendicksaft nach Geschmack

1 kleine Schale Rock Chives (Schnittlauchsprossen)

Die Mandelsplitter mit etwas Salz in einer Pfanne rösten.

Für die Suppeneinlage 2 Rote-Bete-Knollen kochen, schälen und würfeln.

Die restliche Rote Bete ungeschält achteln und roh in einen Entsafter geben. Den Saft beiseitestellen.

Die Schalotten würfeln, in einer Mischung aus Kümmel- und Rapsöl anschwitzen und mit der Mandelmilch auffüllen.

Die Kartoffeln schälen, mit einer Reibe in die kochende Flüssigkeit reiben und weiter köcheln lassen, bis die Suppe gebunden ist.

Den Ingwer fein reiben, mit dem Rote-Bete-Saft zur Suppe geben und alles mit Zitronensaft und den Gewürzen abschmecken.

Das Rote-Bete-Süppchen in einem Teeglas mit den Mandelsplittern, den Schnittlauchsprossen und der gewürfelten Rote-Bete-Einlage servieren – so kann man auch die leuchtend rote Farbe wunderbar genießen!

Für 4 Personen, fertig in 70 Minuten inkl. 40 Minuten Garzeit.

ROCK CHIVES, *eine Art Schnittlauch, hat einen feines Knoblaucharoma und sieht mit seinen dunklen Samen am Ende der Stiele sehr dekorativ aus. Sie können die Sprossen auf der Fensterbank selbst heranziehen. Alternative: Schnittlauchspitzen*

Gelbes Topinambursüppchen mit Kerbel und gerösteten Sonnenblumenkernen

Power of Sunflower

10 g Sonnenblumenkerne

300 g Topinambur

1 mittelgroße Süßkartoffel

200 ml Wasser

1 Zwiebel

100 ml Sonnenblumenöl

1 g Kurkuma

200 ml Mandelmilch

Salz

Pfeffer, frisch gemahlen

Agavendicksaft nach Geschmack

1 kleines Bund Kerbel

Sonnenblumenkerne mit etwas Salz in einer Pfanne rösten.

Topinamburwurzeln und Süßkartoffel schälen. Aus den Schalen der Topinambur und 200 ml Wasser einen Gemüsefond kochen.

Die Zwiebel in feine Würfel, die Süßkartoffel und die Hälfte der Topinamburwurzeln in kleine Stücke schneiden. Die Gemüsestücke mit den Zwiebelwürfeln in Sonnenblumenöl anbraten.

Kurkuma hinzugeben, mit Mandelmilch und dem Gemüsefond bedecken und weich kochen.

Das Gemüse mit dem Mixstab fein pürieren und mit Salz, Pfeffer und Agavendicksaft würzen.

Das übrige Topinamburgemüse, bis auf eine Wurzel, in feine Würfel schneiden und blanchieren.

Die verbliebene Wurzel mit dem Gemüsehobel in feine Scheiben schneiden und diese auf einem mit Backpapier ausgelegten Backblech im Ofen bei 185 Grad zu knusprigen Topinambur-Chips rösten.

In der Zwischenzeit den Kerbel hacken, einige Zweige beiseitelegen.

Die Topinamburwürfel mit dem gehackten Kerbel in einen Suppenteller geben und mit der aufgeschäumten Suppe übergießen.

Die Suppe mit den Topinambur-Chips, den Sonnenblumenkernen und Kerbelzweigen garnieren und servieren.

Für 4 Personen, fertig in 60 Minuten inkl. 20 Minuten Backzeit.

TOPINAMBUR *ist eine schöne, leicht süßlich schmeckende Alternative zur Kartoffel. Im Aussehen ähnelt das Wurzelgemüse der Ingwerknolle. Sie bekommen es von Oktober bis März meist im Bioladen.*

Gebratene Medaillons von Pom Pom blanc auf gebratenem Blumenkohl und Lauchmelange

Affenkopf

1 kleines Bund Schnittlauch

5 g rosa Pfeffer

Saft und Abrieb von 2 unbehandelten Orangen

10 ml Arganöl (Seite 152) (alternativ: Walnussöl)

1 großer Pom-Pom-Pilz

1 kleiner Kopf Blumenkohl

1 Stange Lauch

50 ml Walnussöl

100 ml Rapsöl

300 ml Mandelmilch

Salz

Pfeffer, frisch gemahlen

Für die Marinade den Schnittlauch (bis auf wenige Stängel für die Garnitur) fein schneiden, die Pfefferkörner klein hacken. Schnittlauch und Pfeffer mit Orangensaft und -abrieb, Arganöl und Salz verrühren.

Den Pom-Pom-Pilz in schöne, fingerdicke Scheiben schneiden.

Den Blumenkohl putzen, in kleine Röschen zerteilen und diese roh in feine Scheiben schneiden.

Den Lauch putzen und in feine Ringe schneiden.

Den Blumenkohl in Walnussöl braten, bis er Farbe annimmt und gar, aber noch knackig ist. Leicht salzen.

Die feinen Lauchringe in Rapsöl andünsten, die Mandelmilch dazugießen und das Gemüse unter ständigem Rühren köcheln lassen, bis es eine sämige Konsistenz hat. Salzen und pfeffern.

Die Pom-Pom-Scheiben wie Fleisch in einer heißen Pfanne mit Rapsöl auf beiden Seiten gut anbraten und salzen.

Die Pom-Pom-Medaillons auf dem gebratenen Blumenkohl und der Lauchmelange anrichten, mit der Marinade beträufeln und mit Schnittlauchstängeln garnieren.

Für 2 Personen, fertig in etwa 40 Minuten.

POM POM BLANC, *wegen seines exotischen Aussehens auch »Affenkopfpilz« oder »Igelstachelbart« genannt, erinnert im Geschmack an Geflügelfleisch mit leichtem Zitronengrasaroma. Es gibt ihn ganzjährig in gut sortierten Geschäften oder auf dem Wochenmarkt. Alternative: Kräuterseitling*

Gebackenes Wurzelgemüse aus dem Ofen mit sautierten Senf- und Belugalinsensprossen

Petit four

1 mittelgroße Karotte

1 Knolle Kohlrabi

1 Steckrübe

1 Navette (Seite 158)
(alternativ: Kohlrabi)

1 Petersilienwurzel

1 Stange Lauch

1 mittelgroße Zwiebel

2 TL Curry

100 ml Rapsöl für die Marinade

1 kleines Bund glatte Petersilie

1 kleine Schale Senfsprossen

50 g kleine Schale
Belugalinsensprossen

2 EL Rapsöl zum Anbraten

Salz

Pfeffer, frisch gemahlen

Alle Wurzeln und Knollen schälen und in Quader (2 × 2 × 6 cm) schneiden. Den Lauch in 1,5 cm dicke Ringe schneiden. Die Zwiebel schälen und achteln.

Das gesamte Gemüse mit Salz, Pfeffer, Curry und Rapsöl marinieren und auf einem mit Backpapier ausgelegten Backblech im Ofen bei 175 Grad 30 Min. garen, bis eine schöne Farbe entstanden ist. Ab und zu etwas Wasser auf das Blech gießen, damit Dampf entsteht und das Gemüse nicht zu stark austrocknet.

In der Zwischenzeit die Petersilienblätter von den Stängeln zupfen, eine Handvoll Senf- und Belugalinsensprossen für die Deko beiseitelegen. Die übrigen Sprossen zusammen mit den Petersilienblättern in etwas Rapsöl anbraten (sautieren) und mit Salz und Pfeffer abschmecken.

Die Gemüsestücke abwechselnd mit den sautierten Sprossen auf einer Platte arrangieren. Die Mischung mit dem erhaltenen Gemüsesaft vom Backblech marinieren und nochmals mit frischen Sprossen garnieren.

Für 2 Personen, fertig in etwa 60 Minuten inkl. 30 Minuten Backzeit.

Marinierter Baby-Pak-Choi mit Litschi und Shiitakepilzen aus dem Wok

Wok.

5 g Ingwer

2 Stangen Zitronengras

*1 kleine Peperoncinischote
(oder Peperoni)*

1 kleines Bund Koriander

*1 kleines Bund Thai-Basilikum
(Seite 160)*

100 ml Sojasoße

100 ml Sesamöl

Agavendicksaft

6 Köpfe Baby-Pak-Choi

20 Shiitakepilze

2 rote Zwiebeln

je 50 ml Raps- und Sesamöl

Salz, Pfeffer

20 Litschis

Für die Marinade den Ingwer reiben, Zitronengras, Peperoncinischote, Korianderblätter und Thai-Basilikum fein hacken. Vorher etwas Koriander und Thai-Basilikum für die Garnitur beiseitelegen. Die Zutaten mit der Sojasoße und dem Sesamöl mischen und mit etwas Agavendicksaft und Salz abschmecken.

Den Pak-Choi waschen und in feine Stücke schneiden. Die Shiitakepilze vom Stiel befreien und achteln. Die roten Zwiebeln in feine Streifen schneiden.

In einer Mischung aus Raps- und Sesamöl die Shitakepilzkappen, danach Zwiebeln und Pak-Choi scharf anbraten, mit Salz und Pfeffer würzen.

Die Marinade angießen und das Gemüse weiter kräftig im Wok schwenken, bis es gar ist.

Ein paar Litschis beiseitelegen, die restlichen Früchte zum Schluss unter das Gemüse ziehen.

Das Wokgemüse in einem tiefen Teller anrichten, mit den restlichen Kräutern und Litschis belegen.

Für 2 Personen, fertig in etwa 30 Minuten.

PAK CHOI *ist eine eher milde Kohlart, die vor allem in asiatischen Ländern sehr beliebt ist. Äußerlich ist Pak Choi dem Mangold ähnlich. Pak-Choi, auch der zarte Baby-Pak-Choi, ist bei uns ganzjährig erhältlich. Alternative: Chinakohl*

Champignon-Kartoffel-Soufflé mit Dreierlei von der Petersilienwurzel

Blumentopf

30 g Haselnussgrieß
(Seite 155)

100 ml Haselnussöl

1 kleines Bund glatte Petersilie,
gehackt

Saft von 2 Zitronen

2 Msp. Sumach (Seite 160)

450 g Petersilienwurzeln

500 g Kartoffeln, mehlig-
kochend

30 g Schalotten

30 g Karotte

30 g Sellerie

30 g Lauch

200 g Champignons

je 1 kleines Bund Schnittlauch
und Petersilie

100 ml Rapsöl

Salz, Pfeffer

Muskatnuss

200 ml Mandelmilch

100 g Hanfsamenmehl

Den Haselnussgrieß mit etwas Salz rösten, dann mit Haselnussöl, Petersilie, Zitronensaft, Sumach, Salz und Pfeffer zu einer Marinade verrühren.

Die Petersilienwurzeln schälen. Ein Drittel der Wurzeln in hauchdünne Scheiben hobeln und bei 185 Grad in 25–30 Min. im Backofen zu Chips rösten.

Das zweite Drittel hauchdünn schneiden und in Eiswasser legen, sodass kleine »Löckchen« entstehen. Diese mit der Marinade würzen.

Die restlichen Wurzeln würfeln, weich kochen und ebenfalls mit der Marinade würzen.

Die Kartoffeln schälen, in Stücke schneiden, weich kochen und durch eine Kartoffelpresse drücken.

Schalotten, Karotten, Sellerie und Lauch sehr fein würfeln (Brunoise) und zusammen anschwitzen. Die Champignons fein hacken und anbraten. Gemüse und Pilze zu den Kartoffeln geben. Das Püree mit den gehackten Kräutern, etwas Rapsöl, Salz, Pfeffer und Muskatnuss abschmecken.

Die Mandelmilch nach und nach mit dem Hanfmehl in der Küchenmaschine zu einem festen Schaum schlagen und unter das Püree heben. Die Masse in Formen füllen und bei 185 Grad 20–25 Min. backen.

Die Petersilienwurzelwürfel kreisförmig auf einem Teller anrichten, darauf die Petersilienwurzellocken drapieren und mit den Chips spicken. Links und rechts das Soufflé platzieren und heiß servieren.

Für 2 Personen, fertig in 80 Minuten inkl. 50 Minuten Backzeit.

HANFSAMENMEHL, *aus den Samenrückständen der Hanfpflanze gewonnen, verleiht den Speisen einen angenehm nussigen Geschmack. Sie finden es im Bioladen oder Reformhaus.*

Marinierte Kaki mit frischen Datteln und Feigen, Minze und geröstetem Sesam

Ein Hauch von Marrakesch

2 Kakifrüchte

1 kleines Bund Minze

2 EL Agavendicksaft

1 Msp. Zimt

1 Vanilleschote

Saft und Abrieb von
2 unbehandelten Limonen

1 Kokosnuss

6 große, frische Datteln

4 frische Feigen

20 g Granatapfelperlen

1 EL gerösteter Sesam

Die Kakifrüchte mit einem Sparschäler schälen und in feine Scheiben schneiden. Die Blätter der Minze fein schneiden, einige Minzblätter für die Garnitur beiseitelegen.

Für die Marinade Agavendicksaft, Zimt, das Mark der Vanilleschote und die Minze mit dem Saft und der Schale der Limonen verrühren. 30 Min. ziehen lassen.

Die Kokosnuss öffnen, das Fruchtfleisch herauslösen und mit einer Reibe fein reiben. Einen Teil der Kokosmilch je nach Geschmack zu der Marinade geben.

Die Datteln von der Haut und dem Kern befreien und mit geriebener Kokosnuss füllen. Die Feigen in dünne Scheiben schneiden.

Auf einem Glasteller die Kakischeiben wie ein »Carpaccio« arrangieren und mit der Marinade beträufeln. Die Datteln und Feigen gleichmäßig darauf verteilen. Feine Minzblätter, Granatapfelperlen und gerösteter Sesam als Farb- und Geschmackstupfer verleihen dem Dessert zum Schluss eine ganz besondere orientalische Note.

Für 2 Personen, fertig in etwa 50 Minuten

inkl. 30 Minuten Marinierzeit.

KAKI: *Die leuchtend orangerote Frucht schmeckt herrlich süß, erinnert im Geschmack ein wenig an Aprikose mit einem Hauch von Vanille. Sie ist bei uns das ganze Jahr über zu bekommen. Alternative: Datteln oder Feigen*

Feine Schokolade selbst gemacht

Hot Chocolate

100 g Kakaobutter (alternativ: 70 g Kakaobutter und 30 g Kokosöl)

50 g weißes Mandelmus (Seite 161) (alternativ: sehr fein gemahlene Nüsse)

2 EL Kakaopulver oder Carob

1 EL Dattelmus (30 Min. in Wasser eingeweichte und im Mixer gemixte Datteln), nach Geschmack auch mehr

außerdem: Pralinenförmchen zum Befüllen (z. B. aus Silikon)

Die Kakaobutter im Wasserbad oder in einem kleinen Topf vorsichtig schmelzen. Wenn Sie Rohkostschokolade zubereiten möchten, sollte die Temperatur nicht über 42 Grad steigen.

Die flüssige Kakaobutter zusammen mit den anderen Zutaten in den Mixer geben. Die Masse so lange durchmixen, bis eine flüssige Schokolade entstanden ist.

Die Flüssigkeit in die Förmchen füllen und 2 bis 3 Stunden im Kühlschrank kalt stellen.

Für ca. 15 Stück, fertig in max. 30 Minuten plus 2 Stunden Kühlzeit.

VARIANTEN: Für weiße Schokolade einfach das Kakaopulver weglassen und stattdessen das Mark einer Vanilleschote dazugeben. Auch Gewürze wie Vanille, Kardamom, Lavendel oder Chili passen wunderbar in die gesunde Schokolade. Oder Sie befüllen die Pralinenförmchen nur bis zur Hälfte, geben dann in jedes Förmchen eine Sultanine, eine getrocknete Maulbeere oder eine Pistazie und füllen dann die restliche Hälfte der Schokolade ein.

KAKAOBUTTER: *Anders, als man vielleicht vermuten würde, ist Kakaobutter ein sehr helles aromatisches Fett, das aus den Kakaobohnen gewonnen wird. Es ist nicht nur eine exzellente Energiequelle, sondern hat vor allem ein herrliches Schokoladenaroma.*

Kokos-Mandel-Bällchen mit Sesam

Sweet Almond Kiss

200 g Mandeln

20 g Sultaninen

30 g Datteln (entkernt)

30 ml Wasser oder Mandelmilch

½ Tasse Kokosflocken

2 EL Lupinenprotein (aus dem Reformhaus)

1 Prise Salz

2 EL Sesam zum Bestreuen

einige Pistazien zum Garnieren

Die Mandeln mahlen, die Sultaninen mit dem Küchenmesser fein hacken.

Die Datteln mit dem Wasser oder der Mandelmilch zu Dattelsirup mixen.

Mandeln und Sultaninen mit den Kokosflocken, dem Lupinenprotein, dem Dattelsirup und Salz zu einem Teig kneten und Kugeln daraus formen.

Die Kugeln in Sesam wälzen und mit Pistazien garnieren.

Für 10 Stück, fertig in max. 20 Minuten.

Grüner Smoothie mit Winterportulak

Winter-Smoothie

2 Handvoll Winterportulak

1 Handvoll glatte Petersilie

1 reife Banane

1 Avocado

2 EL Erdmandelflocken (Seite 154)

200 ml Wasser

Den Portulak zusammen mit der Petersilie waschen, abtropfen lassen und in den Mixer geben.

Die Banane schälen. Die Avocado halbieren, schälen, entkernen und mit der Banane zu dem Portulak geben.

Die Erdmandelflocken und das Wasser hinzufügen und alles mit dem Mixer zerkleinern.

Für 2 Gläser, fertig in max. 20 Minuten.

WINTERPORTULAK *ist in der kalten Jahreszeit ein toller Vitaminlieferant. Optisch ähnelt er entfernt dem Feldsalat, die saftigen Blätter erinnern im Geschmack eher an Spinat. Das Gemüse gibt es von November bis April auf Wochenmärkten und im Bioladen.*

Entschlacken deluxe

BASENFASTEN UND GENIES-
SEN – das passt wunderbar
zusammen! Prall-reifes Obst,
marktfrisches Gemüse, aromatische Kräuter – in der basischen
Küche schöpfen Sie wahrhaftig
aus dem Vollen. So können Sie
gleich loslegen mit den neuen »deluxe«-Rezepten.
Denjenigen unter Ihnen, die noch keine Basenfas-
ten-Profis sind oder sich das ein oder andere in
Erinnerung rufen möchten, seien hier noch einmal
die Basics des Basenfastens ans Herz gelegt. So sind
Sie in jedem Fall auf der sicheren Seite.

BASISCH DELUXE –
SCHWELGEN, SCHMECKEN, GENIESSEN!

Meine größte Inspiration ist immer der Gang über
den Wochenmarkt oder durch die Markthalle: diese
unglaubliche Vielfalt an Farben und Formen, die
unterschiedlichsten Gerüche, die auf mich einströ-
men. Die Mischung aus traditionellen, heimischen
Produkten – oft schon ein wenig in Vergessenheit
geraten – und exotischen Lebensmitteln, die den
Weg aus dem Mittelmeerraum, aus Asien oder gar
Übersee zu uns finden. So ein Marktbesuch kann zur
reinsten Entdeckertour werden: Fühlen, Riechen,
die eigenen Geschmacksnerven überraschen und
sich von bisher unbekannten Aromen verzaubern
lassen – das macht richtig Freude! In meinem Kopf
entstehen bei so einem Genussspaziergang oft schon

erste Ideen für neue basische
Gerichte.

In meine »normalen« Bücher
zum Basenfasten fließen in der
Regel die einheimischen Obst-,
Gemüse- und Kräutersorten
ein, aus denen sich ohne grö-
ßeren Aufwand saisonale Gerichte zaubern lassen.
Aber mit diesem Buch möchte ich Ihnen einmal
etwas anderes bieten, hier soll das ganz Besondere
im Vordergrund stehen, weniger das Alltägliche. Sie
kennen das sicher aus Ihrem eigenen Alltag: Zwischen Job, Familie und sonstigen Verpflichtungen
reicht die Zeit und Muße oftmals nur für Gerichte,
die man quasi »aus dem Effeff« nachkochen kann.
Das schmeckt zwar und macht satt – aber in beson-
derer Erinnerung wird einem die Mahlzeit nicht
bleiben. Dann wiederum gibt es die Tage, an denen
es einen reizt, mal etwas komplett Neues auszu-
probieren. Etwas, das nicht nur satt macht, sondern
ganz besondere Gaumenfreuden bereitet. Vielleicht
steht ein Geburtstag an oder der Besuch von lieben
Freuden. Oder Sie möchten ganz für sich allein einen
schönen Abend genießen. In jedem Fall haben Sie
mit »Basenfasten. Das Kochbuch deluxe« die perfekte
Inspirationsquelle zur Hand.

Zugegeben, damit Sascha Fassott – der Koch, der
hinter den Gerichten in diesem Buch steht – die
Rezepte so genussvoll wie möglich gestalten konnte,
habe ich ihm die kreative Freiheit gelassen, meine

Regeln etwas lockerer zu sehen. So bevorzuge ich zwar stets einheimische Obst-, Gemüse- und Kräutersorten, doch mit diesem Buch wollen wir Sie auf eine besondere Genussreise schicken und dazu gehören nun mal auch außergewöhnliche Zutaten, die man in anderen Länderküchen findet. Dennoch können Sie alle Rezepte auch im Rahmen einer klassischen Basenfasten-Woche genießen!

Wenn Ihnen einige Zutaten zu exotisch sind oder Sie diese nicht erhalten, dann können Sie sie gerne durch die angegebenen Alternativen im Rezept ersetzen oder einen Blick ins Glossar (Seite 152) werfen. Wenn Sie Basenfasten bereits aus einem oder mehreren meiner Bücher kennen, dann fragen Sie sich womöglich, wie sich die ein oder anderen Rezepte mit meinen Regeln vereinbaren lassen. Auf diese Frage gehe ich im Kapitel »Die 10 goldenen Wacker-Regeln« (Seite 141) näher ein.

Basenfasten eignet sich hervorragend, um die Freude an frischen und selbst zubereiteten Gerichten zu wecken, denn auf Sie wartet eine unendliche Vielfalt von Obst- und Gemüsesorten sowie geschmackvollen Kräutern, die es zu entdecken gilt. Aber nicht nur für Ihre Geschmacksknospen, sondern auch für Ihren Körper wird die Ernährungsumstellung wie ein Neustart sein. Vielleicht können Sie sich im Moment noch nicht vorstellen, dass man die Gemüseküche so kreativ gestalten kann, dass sie zum Genuss-Abenteuer wird. Aber in unserem Kochbuch finden Sie jede Menge genussvolle

Rezepte, die Sie vom Gegenteil überzeugen werden. Auch die einen oder anderen Zutaten werden wahrscheinlich neu für Sie sein. Lassen Sie sich auf das Abenteuer ein und erleben Sie die Genussseite von Basenfasten deluxe. Werden Sie zum Gourmet und lernen Sie neue Zutaten und spannende Zubereitungsvarianten kennen – hinterher werden Sie gar nicht mehr anders als basisch kochen wollen!

Im Rezeptteil dieses Buches gibt es passend zu jeder Jahreszeit leckere Menüvorschläge. Die ausgewählten basischen Obst- und Gemüsesorten stammen aus dem mediterranen bis hin zum asiatischen Raum, aber auch längst in Vergessenheit geratene Gemüsesorten feiern in unserer Küche ihr Comeback. Das alles verfeinert mit verschiedenen Kräutersorten und exklusiven Gewürzen. »Basenfasten deluxe« zeigt Ihnen, dass Kochen mit Obst und Gemüse alles andere als langweilig ist oder fade schmeckt. Lassen Sie sich von der basischen Küche inspirieren und verwöhnen Sie Ihren Gaumen mit unseren »Basenfasten deluxe«-Rezepten.

BASENFASTEN – WIE GING DAS NOCH MAL?

Wenn Sie zu den Basenfasten-Anfängern gehören oder die einzelnen Regeln nicht mehr ganz parat haben, dann finden Sie auf den folgenden Seiten die wichtigsten Infos dazu. In diesem Buch stehen jedoch die basische Küche und der Genussaspekt im Vordergrund, weshalb ich meine einführenden Infos etwas knapper halten werden als sonst. Wer Lust bekommt, so richtig in die Methode einzusteigen, findet alle nötigen Informationen in meinem Buch »Basenfasten – Die Wacker-Methode®«.

Basenfasten ist das Fasten mit Obst und Gemüse. Das Besondere beim Basenfasten ist, dass Essen bei dieser Fastenart erlaubt ist – hier gibt es also nicht nur fade Gemüsebrühe oder Obstsäfte, sondern richtig etwas zu Kauen. Während des Basenfastens dürfen Sie also genießen, satt werden und sich dabei wohlfühlen.

Während der Basenfasten-Kur verzichten Sie auf säurebildende Nahrungsmittel. Diese Kur erstreckt sich immer über einen begrenzten Zeitraum – meist über ein bis zwei Wochen. Während dieser Zeit dürfen Sie alles essen, was der Körper basisch verstoffwechseln kann. Das sind im Wesentlichen alle Obst- und Gemüsesorten. Dadurch, dass Sie essen, läuft die Stoffwechselarbeit wie gewohnt weiter und gerät nicht in den sogenannten Fastenstoffwechsel, wie dies beim Heilfasten der Fall ist. Das hat den Vorteil, dass die Ausscheidung von »Altlasten« aus dem Körper wesentlich langsamer und schonender abläuft. Somit kommt es nur in Ausnahmefällen zu Heilkrisen wie beispielsweise Kopfschmerzen oder Erschöpfung.

Der Erfolg stellt sich bereits nach wenigen Tagen ein und Sie werden eine spürbare Veränderung feststellen. Gerade, wenn Sie unter Allergien oder Nahrungsmittelunverträglichkeiten leiden oder chronisch krank sind, ist das Basenfasten für Sie besonders gut geeignet und leicht durchzuführen.

Und, ein ganz entscheidendes Argument: Auch die Genussmenschen unter Ihnen kommen beim Basenfasten nicht zu kurz und dürfen in dieser Zeit jeden Tag aufs Neue verschiedene Köstlichkeiten genießen.

Säuren sind tabu!

Alles, was Sie essen oder trinken, wird im Körper chemisch gesehen zu Säuren oder Basen verarbeitet. Prinzipiell hat beides seine Berechtigung – um gesund zu bleiben, bedarf es aber eines ausgewogenen Verhältnisses von Säuren und Basen im Körper. Dies ist umso wichtiger, als der Körper zwar jederzeit Stoffe in Säuren umbauen kann, bei den Basen aber auf die Zufuhr über die Nahrung angewiesen ist.

Aber was sind denn eigentlich Säurebildner? Leider sind das häufig Dinge, die uns ständig im Alltag in Versuchung führen: der lecker gefüllte Wrap für die Mittagspause, die Butterbrezel während des Meetings im Büro, das cremige Plunderteil vom Bäcker, begleitet von einer schönen Tasse Kaffee. Gerade, wenn mal wieder keine Zeit ist, ist das natürlich sehr praktisch – aber eben leider Gift für den Säure-Basen-Haushalt.

Doch nicht nur die Ernährung, sondern auch Ihre Lebensweise beeinflusst den Säure-Basen-Haushalt: Zu viel Stress und zu wenig Bewegung setzen ihm genauso zu!

Auf Dauer nimmt Ihr Körper dadurch zu viele Säuren auf – und das merken Sie über kurz oder lang, wenn Ihr Körper ein paar Kilo zu viel mit sich herumträgt und unliebsame Orangenhaut sich zeigt. Aber auch ein Zusammenhang mit chronischen Erkrankungen wie Allergien, Nahrungsmittelunverträglichkeiten, Darmerkrankungen oder Rheuma wird immer wieder beobachtet.

In der folgenden Liste finden Sie all die Lebensmittel, die der Körper zu Säuren verstoffwechselt:

Säurebildende Nahrungsmittel

- jede Art von Fleisch, Wurstwaren, Schinken
- Fleischbrühe
- alle Fische und Schalentiere
- Milchprodukte (auch fettarme) sowie Quark, Jogurt, Kefir und alle Käsesorten
- Rohmilch, Sahne und Butter
- Ei, Eiweiß
- Senf und Essig
- Hülsenfrüchte
- Spargel, Rosenkohl, Artischocken
- Nüsse: Haselnüsse, Pinienkerne, Cashewkerne, Pecanüsse,
- Soja und Sojaprodukte wie Tofu
- Vollkornprodukte – unabhängig davon, ob aus Weizen, Roggen, Dinkel, Gerste, Hafer, Hirse, Teff, Kamut, Mais, Reis …
- Pseudogetreide wie Buchweizen, Amaranth, Quinoa

- alle Weißmehlprodukte, auch graue Brötchen
- Teigwaren
- geschälte und polierte Getreide
- polierter Reis
- gehärtete, raffinierte Fette und Öle, billige Salatöle
- Margarine
- kohlensäurehaltige Getränke (auch Mineralwässer)
- Softdrinks wie Limonaden, Cola, Energy Drinks
- Kaffee, Espresso
- Chi-Kaffee
- Schwarzer, grüner, weißer Tee
- Matetee
- Früchtetee
- Alkohol
- Fertigprodukte, die Säurebildner enthalten
- alle Süßigkeiten, insbesondere die mit Fabrikzucker hergestellten
- Eis

Keine Säurebildner, aber dennoch beim Basenfasten nicht erlaubt:

- Knoblauch, Bärlauch
- Roiboostee
- Ghee

Beim Blick in das Glossar fällt Ihnen vielleicht auf, dass Knoblauch in drei Rezepten für Gewürzmischungen verwendet wird – allerdings in geringen

Mengen, weshalb wir in diesem Fall ein Auge zudrücken dürfen.

WORAUF ES BEIM BASENFASTEN ANKOMMT

Am besten, Sie nutzen Ihre Basenfasten-Kur, um Ihren bisherigen Ernährungs- und Lebensstil zu überdenken. So stellen Sie die Weichen für eine gesundheitsbewusstere Ernährungs- und Lebensweise und vermeiden den Jojo-Effekt, der sich nach einer Phase des Abnehmens häufig einstellt.

Aus meiner langjährigen Erfahrung heraus kann ich sagen, dass während der Basenfasten-Woche viele auf den Geschmack einer basischen Ernährung kommen und die Alltagstauglichkeit zu schätzen lernen. Wenn man erst einmal verinnerlicht hat, was es zu beachten gilt und welche Lebensmittel auf dem Teller landen dürfen, funktioniert diese Ernährungsweise wie von selbst und wird ganz selbstverständlich. Und wie Sie in diesem Buch sehen können, wird auch Genuss großgeschrieben – es ist ohne Weiteres möglich, sich zwischendurch etwas ganz Besonderes zu gönnen.

Dass es beim Basenfasten auf mehr als nur die Ernährung ankommt, zeige ich Ihnen nun kurz anhand der sieben Basenfasten-Basics. Auch wenn wir in diesem besonderen Kochbuch ein paar Augen zudrücken und das Ganze nicht so streng sehen, möchte ich Ihnen diese Basics gerne ans Herz legen. Sie sind von mir so zusammengestellt, dass Sie sich in der Basenfastenwoche wirklich wohlfühlen können und der Erfolg bestimmt nicht ausbleiben wird.

Die Basenfasten-Basics sind:
- Motivation
- Ernährung: 100% basisch
- Genuss
- Trinken
- Darmreinigung
- Bewegung
- Erholung

Motivation

Beginnen Sie Ihre Basenfasten-Kur immer erst dann, wenn Sie merken, dass Sie richtig motiviert sind. Wie vieles im Leben funktioniert das Basenfasten gleich viel besser, wenn man richtig motiviert ist. Horchen Sie in sich hinein: Vielleicht reicht Ihre Motivation für wenige Tage, vielleicht für eine oder sogar zwei Wochen. Hören Sie auf Ihr Gefühl, schauen Sie, wie es Ihnen nach den ersten Tagen geht, und handeln Sie danach. Überlegen Sie sich genau, warum Sie jetzt basenfasten wollen. Wollen Sie ein paar überflüssige Pfunde purzeln lassen oder etwa eine Krankheit loswerden? Vielleicht reicht Ihnen auch schon die Motivation aus, etwas für Ihre Gesundheit zu tun, bevor Sie krank werden.

Beginnen Sie jeden Basenfasten-Tag mit einem Motivations-Check. Und wenn Sie einmal gar nicht motiviert sind? Besinnen Sie sich auf Ihre ursprüng-

lichen Beweggründe und versprechen Sie sich eine Belohnung zum schönen Abschluss eines erfolgreichen Basenfasten-Tages: beispielsweise einen Besuch in der Sauna, einen Massagetermin – oder ein leckeres Genießer-Gericht aus diesem Buch, das Sie ganz besonders anspricht!

100% basisch – Obst und Gemüse pur

Dieses Basic ist beim Basenfasten ein Muss. Nur Basenbildner dürfen in dieser Zeit auf den Tisch! Dazu gehören fast alle Obst- und Gemüsesorten: Ob als frisch gepresster Saft, Salat, Antipasti, Suppen, als zubereitete Gemüsegerichte oder einfach mal pur – dies alles dürfen Sie genießen. Basenfasten ist zu 100 Prozent basenbildend, ohne Kompromisse. Säurebildner sind in dieser Woche tabu. Durch den völligen Verzicht auf Säurebildner wird eine Mobilisierung der abgelagerten Säuren erreicht, die dann durch hohe Trinkmengen und regelmäßige Darmreinigung ausgeschwemmt werden. Je genauer Sie sich daran halten, umso größer ist Ihr Erfolg.

Genießen deluxe

Genuss sollte beim Essen immer ganz oben stehen – und ganz besonders dann, wenn man gerade basenfastet. Nutzen Sie die Basenfastenzeit, Ihre Geschmacksknospen wieder zu aktivieren und damit zum Genuss zurück zu finden.

»Gesundheitserlebnis Basenfasten – eine Woche basisch genießen« unter diesem Motto starteten wir vor über 18 Jahren unseren ersten Basenfasten-Kurs in der Praxis. Seitdem haben unzählige Begeisterte erfahren, dass man sehr wohl etwas für seine Gesundheit tun kann, ohne auf Genuss beim Essen verzichten zu müssen.

Dieses Buch wird es Ihnen kinderleicht machen, so richtig zu genießen – und zwar ganz getreu nach dem Buchmotto »deluxe«: Dazu gehört neben der genussvollen Zubereitung der Mahlzeiten auch, dass das Essen ansprechend aussieht, aber auch das Ambiente stimmt. Richten Sie Ihr mehrgängiges Essen auf den Tellern genauso an, wie man es in einem feinen Restaurant serviert bekäme. Zünden Sie Kerzen an und decken Sie den Tisch schön ein. Schaffen Sie sich Ihr eigenes Wohlfühl-Genießerambiente, denn das Auge isst bekanntlich auch mit.

Trinken

So wichtig wie das Essen ist auch das Trinken. Gerade während der Basenfasten-Kur ist es besonders wichtig, dass Sie viel trinken! Sie benötigen 2,5 bis 3 Liter pro Tag – Wasser oder verdünnten Kräutertee. Trinken durchspült die Lymphe, die Nieren und das Bindegewebe, so können unerwünschte Stoffe den Körper verlassen.

Sie löschen selten Ihren Durst mit Wasser, weil Sie Wasser für fade halten? Dann schauen Sie sich etwas von den besten Hotels in New York ab und werden Sie zum Wassergourmet – in diesen Luxus-Herbergen gibt es bereits Wassersommeliers, die um die

100 verschiedene Wässer geschmacklich beurteilen können. Auch Sie werden feststellen, dass sich nach einigen Tagen Basenfasten Ihr Geschmacksempfinden verändert und Wasser plötzlich sehr unterschiedlich schmeckt.

Am besten werden die Nieren durchspült, wenn Sie ein reines Quellwasser trinken. Das gibt es – außer an Quellen – in zum Teil hervorragender Qualität auch zu kaufen. Von Leitungswasser, vor allem in Städten oder in Häusern mit alten Leitungen rate ich ab. Auch schlichtes warmes oder heißes Wasser wirkt durchspülend. Im Ayurveda ist es üblich, täglich heißes Wasser in größeren Mengen zu trinken. Besonders ein Glas heißes Wasser am frühen Morgen (gleich nach dem Aufstehen) regt die Verdauungstätigkeit an.

Wenn Sie Bedürfnis nach warmen Getränken haben, sind verdünnte Kräutertees die Getränke der Wahl. Als Teesorten kommen alle Kräutermischungen in Frage, die wirklich nur aus einheimischen Kräutern ohne Zusätze bestehen.

Folgende Fertigtees empfehle ich fürs Basenfasten:

- »Basenkräuter« von Lebensbaum (Naturkostladen)
- »Morgengruß«, »Kräutertraum« und »Abendtraum« von Lebensbaum (Naturkostladen)
- »Ausgleichtee« von Sonnentor (Naturkostladen)

Wenn Sie während der Basenfasten-Kur einen speziellen Heiltee trinken möchten, wie beispielsweise Brennnesseltee oder Entschlackungstee, dann trinken Sie bitte pro Tag immer nur eine oder zwei Tassen davon, weil die Heilwirkung der Tees sonst zu stark wird. Verzichten Sie jedoch bitte auf reinen oder verdünnten Pfefferminztee, denn er führt in größeren Mengen zu Blähungen und Bauchschmerzen. Wenn Pfefferminze dagegen in einer Teemischung enthalten ist, ist das völlig in Ordnung. Trinken Sie keine Mischungen, die Früchte, Roiboos, Aromastoffe und dergleichen enthalten. Früchtezusätze reagieren im Organismus sauer und reizen den Magen, Aromastoffe irritieren die Geschmacksnerven und Roiboos kann, in großen Mengen getrunken, den Kreislauf schwächen.

Kleiner Tipp: Falls Sie zu den Kaffeegourmets gehören und morgens Kaffee brauchen, um schwungvoll in den Tag zu kommen oder über den Tag gerne mal einen Cappuccino oder Espresso genießen, dann könnte an den ersten Basenfastentagen Ihr Kreislauf etwas ins Schleudern geraten. Kopfschmerzen, Müdigkeit oder Schwindel können mögliche Folgen des Kaffeeentzugs sein. Wenn Sie daher eine Woche Basenfasten planen, sollten Sie mindesten drei Tage vor Fastenbeginn anfangen, auf Ihren geliebten Kaffee, Espresso oder Cappuccino zu verzichten. So werden Sie sich beim Basenfasten vom ersten Tag an wohlfühlen.

Darmreinigung

Egal, ob herkömmliches Basenfasten oder das »deluxe-Programm«: Zwei bis drei Darmreinigungen sollten Sie über die Woche hinweg einplanen – das steigert den Basenfasten-Effekt. Zudem erleichtern Sie damit dem Darm den Einstieg in die ballaststoffreiche basische Ernährung und verhindern, dass er beleidigt mit Blähungen reagiert.

Mein Tipp: Augen zu und durch – danach fühlen Sie sich wohl. Am einfachsten und schnellsten geht das, wenn Sie mit einem Irrigator (am besten einem faltbaren Reiseirrigator) einen Einlauf machen. Zudem ist diese Methode im Gegensatz zu den so weit verbreiteten Glauber- oder Bittersalzanwendungen besser verträglich.

Bewegung

Während des Basenfastens sollten Sie sich idealerweise 30 bis 45 Minuten pro Tag bewegen. Damit Sie dabei auch wirklich Spaß haben und es nicht zur lästigen Pflichtübung wird, suchen Sie sich das Bewegungsprogramm aus, das zu Ihnen passt.

Besuchen Sie ein Fitnessstudio, gehen Sie auf den Tennisplatz, melden Sie sich in der Tanzschule an oder schließen Sie sich einer Nordic-Walk-Gruppe an. Spüren Sie nach, wie Sie sich jeweils dabei fühlen. Bewegung soll letztendlich Spaß machen – war das bislang nicht der Fall, dann haben Sie einfach ihr sportliches Hobby noch nicht entdeckt. Suchen Sie weiter!

Eine andere Art der körperlichen Betätigung sind Yoga, Tai Chi und Qigong. Der Vorteil dieser Techniken ist, dass hierbei automatisch die Atmung mitberücksichtigt wird und der Geist zur Ruhe kommt. Dabei werden der Stoffwechsel, die Durchblutung und alle Körperfunktionen harmonisiert – eine umfassende und ganzheitliche Wirkung also. Noch tiefgreifender, wenn auch ohne direkte körperliche Bewegung, ist Meditation. Wenn Sie abends kaputt nach Hause kommen, ist das die ideale Technik, um abzuschalten. Sinnvoll ist es, erst einige Minuten Yoga zu machen und danach zu meditieren. In allen Städten werden inzwischen Yogakurse und Meditationsgruppen angeboten, häufig auch an Volkshochschulen.

Erholung

Beim Basenfasten deluxe hat alleine schon das Genießen der leckeren Gerichte einen Erholungseffekt. Wenn Sie jetzt noch darauf achten, dass Sie allen säurebildenden Stressfaktoren in Ihrem Leben die rote Karte zeigen und versuchen, sich im Alltag regelmäßig Erholungsinseln einzubauen, dann wird Ihre Basenfasten-Kur zu einem umfassenden Erfolgs- und Gesundheitserlebnis. Ein wichtiger Aspekt für Erholung ist der Rhythmus – der Schlaf-Wach-Rhythmus, aber auch, dass Sie Ihre Mahlzeiten regelmäßig einnehmen. Damit schaffen Sie sich zusätzlich eine wichtige Kraftquelle, die nahezu unerschöpflich ist. Der Mensch ist ein rhythmisches

Wesen und lebt vom richtigen Wechsel zwischen Arbeit und Erholung. Fangen Sie in Ihrer Basenfasten-Woche an, Ihren persönlichen Rhythmus wieder zu spüren, und leben Sie danach.

Ändern Sie in der Basenfasten-Woche doch einmal Ihre Gewohnheiten: Gehen Sie beispielsweise früher ins Bett und schenken Sie Ihrem Körper mehr Schlaf. In der Nacht sorgen der Stoffwechsel und die Leber für die Entgiftung, die Haut und das Nervensystem erholen sich vom Stress des Tages. Es ist auch von Bedeutung, *wann* Sie schlafen. Der Schlaf vor Mitternacht hat eine größer Erholungskraft als der Schlaf nach Mitternacht. Versuchen Sie daher, während der Basenfasten-Woche um 22 Uhr, spätestens um 23 Uhr ins Bett zu gehen. Für den reibungslosen Ablauf der Stoffwechselvorgänge in der Nacht ist das von großem Nutzen. So kann der Körper am nächsten Morgen die Säuren besser ausscheiden.

Auch ein entspannendes Bad verhilft Ihnen zu einem erholsamen Schlaf. Verwöhnen Sie sich mit einem Aromabad mit Honig und Mandel, einem Ölbad mit Lavendel oder mit Melisse. Wenn Sie am Abend ein Basenbad machen – dies kann auch ein Fußbad sein –, dann beschleunigen Sie zusätzlich den Entsäuerungsprozess, denn das Basenbad reinigt, entsäuert und pflegt dabei Ihre Haut.

Wenn Sie etwa 170 g Basenpulver in das warme Badewasser geben, erhalten Sie ein mit Basen gesättigtes Badewasser. Der Basenüberschuss hilft, die Säuren über die Haut aus dem Körper zu leiten. Blei-ben Sie mindestens 20 Minuten im Bad. Wenn Ihr Kreislauf es verträgt, können Sie bis zu 40 Minuten in den Basen baden. Je länger Sie baden, umso besser unterstützen Sie die Entsäuerung. Danach sollten Sie sich nur leicht abtrocknen und die Haut nicht eincremen. Die Haut fühlt sich samtweich an und Sie fühlen sich wie neugeboren. Ideal ist es, wenn Sie sich nach dem Basenbad gleich ins Bett legen.

Nicht nur die ausgewählten feinen Zutaten für die basischen Rezepte in diesem Buch sollten deluxe sein – auch Ihre Erholungsinseln können Sie sich besonders gestalten! Wie wäre es mal mit einem Besuch im Thermalbad? Thermalanwendungen und Wasseranwendungen ganz allgemein wirken entsäuernd. Wenn Sie sich etwas mehr Luxus gönnen wollen, dann besuchen Sie einmal einen Hamam, ein orientalisches Reinigungsbad. Die Baderäume für die ritualisierenden Reinigungsprozeduren sind, geschichtlich betrachtet, nach den Vorbildern der römischen Thermalbäder gebaut. Nach einer Grundreinigung des ganzen Körpers mit einem Handschuh aus Ziegenleder erhalten Sie eine Massage mit Seifenschaum, danach haben Sie ausreichend Zeit zum Entspannen.

DIE 10 GOLDENEN WACKER-REGELN

Wie ich schon erwähnt habe, können Sie die Rezepte in diesem Buch auch während Ihrer klassischen Basenfasten-Woche nachkochen. Wenn Sie bereits mit dem Programm vertraut sind, haben Sie nun vielleicht spontan ein paar Fragezeichen im Kopf, da Sie natürlich wissen, dass einige der Rezepte streng genommen ein wenig mit den Basenfasten-Regeln kollidieren – ja, das ist so. Aber in diesem Buch soll es ja um das Besondere gehen!

Bevor Sie sich nun voller Begeisterung über die basischen »deluxe«-Rezepte hermachen, lesen Sie also bitte aufmerksam die zehn goldenen Wacker-Regeln durch! Wenn Sie Basenfasten schon ein- oder mehrmals gemacht haben, haben Sie die Regeln bestimmt schon verinnerlicht und können dann sofort loslegen.

1. Essen Sie Rohkost nur, wenn Sie diese vertragen
Rohkost gehört zur gesündesten Art, Gemüse und Obst zu essen. Wenn Sie Rohkost aber nicht gut verdauen können, dann belastet sie Ihren Darm und das ist nicht gesund. Achten Sie deshalb genau auf Ihren Körper: Wenn Sie oft mit Blähungen oder Schmerzen auf Rohes reagieren, dann sollten Sie das Gemüse lieber schonend dünsten. Auch Menschen, die aus anderen Gründen einen empfindlichen Darm, Lebensmittelallergien oder Unverträglichkeiten haben, sollten mit Rohkost vorsichtig sein.

Es ist immer besser, Sie essen das, was Ihr Verdauungsapparat zurzeit auch verarbeiten kann, als etwas, das Ihnen Schmerzen oder Probleme bereitet. Sollten Sie bislang nur selten oder gar keine Rohkost gegessen haben, versuchen Sie erst mal nur kleine Mengen »zur Gewöhnung« zu verzehren. Wenn Sie unempfindlich sind, dann können Sie rohes Obst und Gemüse nach Herzenslust genießen – aber nur bis 14 Uhr, womit wir zum nächsten Punkt kämen ...

2. Essen Sie Obst und rohes Gemüse nur bis 14 Uhr
Wenn Sie es bisher gewohnt waren, Obst und rohes Gemüse zu jeder Tages- und Nachtzeit zu essen, dann wird diese Regel eine Umstellung für Sie sein. Viele Menschen mögen es gerne, vor der warmen Hauptmahlzeit erst einmal einen Salat zu essen und im Anschluss Obst als Dessert. Das bringt aber unsere Verdauung durcheinander, da die Verdauungszeiten von Rohkost, vor allem Obst, und gekochter Kost anders sind. So kann es leicht zu Blähungen kommen, wenn man Rohes nach Gekochtem isst. Vor allem Obst im Anschluss an eine Mahlzeit führt gerne zu Gärungen und unliebsamen Gasbildungen. Das hängt mit dem Leberrhythmus zusammen. Denn nach 14 Uhr behindert Rohkost die Leber bei ihren internen Stoffwechselarbeiten und ist dadurch schwerer verdaulich. Menschen mit einer gesunden Verdauung merken das nicht direkt. Menschen mit einem empfindlichen Darm spüren das jedoch in Form von Blähungen, Verstopfung oder Durchfall. Daher rate ich dazu, Obst immer nur auf nüchternen Magen zu essen – also zum Frühstück. Dies gilt auch für die Zeit nach dem Basenfasten.

Am besten wählen Sie die herrlichen Salate und Rohkostgerichte aus diesem Buch eher als Mittags-

gerichte aus und genießen abends die tollen Suppen und warmen Gerichte. Aber auch in diesem Punkt gilt: Solange Sie ein rohes Gericht gut vertragen, darf beim »deluxe-Fasten« auch mal ein Auge zugedrückt werden.

3. Essen Sie nach 18 Uhr nichts mehr

Generell lautet mein Motto: Was nach 18 Uhr gegessen wird, landet auf den Hüften und überfordert die Leber. Der interne Stoffwechel der Leber ist in der Nacht besonders aktiv und sorgt, wenn er nicht durch zusätzliche Mahlzeiten gestört wird, nachts für die Entgiftung. So arbeitet Ihr Körper für Sie, während Sie schlafen. Nun weiß ich aber natürlich, dass man die Gerichte aus diesem Buch nicht unbedingt um 17 Uhr genießen möchte – oft ist das auch gar nicht machbar, wenn man aus dem Büro kommt und dann noch etwas länger am Herd stehen muss. Für Ihren besonderen basischen Genussabend können Sie daher auch mal eine Ausnahme machen und das Ganze etwas lockerer sehen. Wichtig ist nur, dass das späte Essen nicht zur Gewohnheit wird, denn langfristig tun Sie sich und Ihrem Schlaf damit wirklich keinen Gefallen.

4. So naturbelassen wie möglich

Beim Basenfasten, aber auch generell, sollte die Zubereitung so naturbelassen wie möglich sein. Da beim Erhitzen Vitalstoffe verloren gehen, ist es wichtig, dass Sie Ihre Gemüsegerichte besonders schonend zubereiten. Lassen Sie Gemüse nie ganz weich werden und braten Sie nicht zu viel, es sollte immer noch etwas »Biss« haben. Diesen Grundsatz haben wir auch in den Rezepten aus diesem Buch berücksichtigt – so können Sie bedenkenlos genießen und bekommen dabei die ganze Fülle an Vitalstoffen.

Am schonendsten können Sie Gemüse im »Gemüsedämpfer« zubereiten. Das ist ein Edelstahltopf mit einem Siebeinsatz, in dem das Gemüse nicht im Wasser liegt, sondern nur durch den Dampf gegart wird. Das schont die Vitalstoffe und erhält dadurch das volle Gemüsearoma. Und: Es geht ganz schnell.

5. Essen Sie nicht zu viel

Die Faustregel lautet: Essen Sie so wenig wie möglich und nur so viel wie nötig! Basenfasten wird erst dann zum Gesundheitserlebnis, wenn Sie es schaffen, selbst ein Gefühl dafür zu entwickeln, wie viel Essen Sie jetzt gerade brauchen, damit Sie sich wohl fühlen. Versuchen Sie bei jeder Mahlzeit langsam und bewusst zu essen und kauen Sie sehr gründlich. Auf diese Weise verhindern Sie, dass Sie Ihr Essen hinunterschlingen und nicht merken, wann Sie eigentlich schon satt sind – und gerade die tollen Genießer-Rezepte aus diesem Buch möchte man doch ohnehin ganz ausgiebig und in aller Ruhe genießen, oder?

Ich schreibe nicht vor, wie viel Sie essen sollen, denn eines der Basenfastenziele ist, dass Sie Ihre Wohlfühl-Essmenge selbst herausfinden. Wenn

Sie das schaffen, dann wird Basenfasten für Sie zu einem echten Gesundheitserlebnis. Auch wenn die Mahlzeiten noch so basisch sind – zu viel ist immer ungesund. Ein Tipp: Geben Sie stets nur kleine Portionen auf den Teller und nehmen Sie immer nur kleine Bissen in den Mund.

6. Keine wilden Mischungen

Sicher sagt Ihnen das Prinzip »Simplify your life« etwas – und das lässt sich auch wunderbar in der Küche anwenden. Je weniger Nahrungsmittel Sie mischen, umso intensiver können Sie den Geschmack der Zubereitung erleben. Das ist ein anderer Kick für die Geschmacksnerven – der pure Geschmack der Natur. Ihr Darm wird es Ihnen auch danken, wenn er nicht ständig mit zu viel unterschiedlicher Nahrung belastet wird. Deshalb gilt für die herkömmliche Form des Basenfastens: Verwenden Sie pro Mahlzeit möglichst nur zwei oder drei Obst- oder Gemüsesorten.

»Basenfasten deluxe« steht aber natürlich für eine gewisse Opulenz, sodass von diesem Prinzip in einigen der Rezepte abgewichen wird. In den Rezepten werden teilweise etwas exotischere Lebensmittel verwendet und durch die tollen Kräuter und Gewürze entstehen ganz besondere Geschmacksexplosionen – ab und an ist so eine Ausnahme okay, besonders wenn Sie dieses Kochbuch für die basische Alltagsküche außerhalb Ihrer Basenfasten-Woche nutzen.

7. Mit Gefühl würzen

Abgesehen von Knoblauch und Bärlauch sind alle bekannten Gewürze beim Basenfasten erlaubt, allerdings nicht im Übermaß. Wenn Sie zu stark würzen, irritieren Sie damit Ihre Geschmacksnerven – das lässt Sie unter anderem das Gefühl für Sättigung verlieren. Daher sind die Gewürzkompositionen in diesem Buch auch so zusammengestellt, dass Sie zwar wahre Geschmacksexplosionen erleben werden, sich aber dennoch ein sehr harmonisches Aroma entwickelt, das Ihren Geschmacksnerven gut bekommt.

Knoblauch übertönt durch die enthaltenen Sulfide jeden Gemüsegeschmack und hat Einwirkungen auf das Sättigungsgefühl, weshalb ich ihn normalerweise beim Basenfasten nicht empfehle. In vereinzelten Rezepten in diesem Buch taucht er, als Bestandteil einer Gewürzmischung, dennoch auf, allerdings in so geringen Mengen, dass diese unerwünschten Nebenwirkungen vermieden werden und Sie nur einen Hauch von Knoblauch schmecken.

Möglich, dass sich Ihre Geschmacksknospen erst noch ein wenig umgewöhnen und trainieren müssen, bis sie die Feinheiten einer dezenten und harmonischen Würzung wahrnehmen können. Kräuter – vor allem frische Kräuter – sind die optimalen Würzmittel und haben darüber hinaus einen höheren Vitamingehalt. Würzen Sie Ihre Speisen zunächst mit Kräutern und schmecken Sie dann mit Meersalz oder einem anderen Salz ab. So halten Sie den Salzverbrauch niedrig. Kräutersalzmischungen sind ebenfalls empfehlenswert. Auch frische Sprossen dienen der Geschmacksverfeinerung.

8. Essen Sie nur die basischen Lebensmittel, die Sie mögen

Sie können nur mit Appetit essen, wenn Ihnen auch wirklich schmeckt, was Sie gerade essen wollen. Wählen Sie also jeden Tag nur das Gericht aus dem Rezeptteil aus, welches Sie am meisten anspricht (ich weiß, in diesem Genießer-Kochbuch wird das schnell zur Qual der Wahl …). Lassen Sie sich von den Fotos inspirieren und stellen Sie sich vor, wie der Geschmack auf Ihrer Zunge zergeht, welche Aromen Sie vielleicht erwarten werden. Welches Rezept macht Ihnen am meisten Appetit? Wenn Sie dann Lust auf einige Gerichte bekommen haben, gehen Sie auf dem Markt, suchen Sie das passende Obst und Gemüse heraus und prüfen Sie noch mal, ob Ihnen das, was angeboten wird, auch zusagt. So wird diese Woche für Sie zum Genuss.

9. Essen Sie mehr Gemüse als Obst – und zwar nur reifes

Generell gilt: Der Obstanteil am Gesamtessen sollte bei 20 Prozent liegen und der Gemüseanteil bei 80 Prozent. Denn Gemüse hält länger satt. Außerdem enthält Obst sehr viel Zucker und Wasser und wird dadurch auch schneller durch die Verdauungswege geschleust als Gemüse. Trifft das Obst im Darm auf noch unverdautes Gemüse, fängt das Obst an zu gären. Diese Gärung erzeugt unangenehme Blähungen. Vor allem wenn Sie einen empfindlichen Magen und Darm haben und leicht zu Blähungen neigen, sollten Sie Gemüse bevorzugen, sonst bleibt der Genuss auf der Strecke, weil Sie mit lästigen Magen- und Darmbeschwerden zu kämpfen haben.

Die Obstmahlzeit sollte eher am Vormittag liegen und die Gemüsemahlzeiten am Mittag und am Abend. Essen Sie bitte immer nur reifes Obst und Gemüse, denn nur das wird basisch verstoffwechselt! Dies ist einer der Gründe, weshalb ich die Gemüse- und Obstsorten der Saison vorziehe und wir dieses Buch bewusst nach Jahreszeiten gegliedert haben. Übrigens: Im Sommer können viele Menschen einen höheren Obstteil in der Nahrung besser vertragen als im Winter. Das mag daran liegen, dass der Stoffwechsel im Sommer generell aktiver ist und insgesamt besser verdauen kann.

10. Kauen Sie gründlich

Wer kennt nicht den Spruch: »Gut gekaut ist halb verdaut«? Das ist eigentlich die wichtigste Regel, denn sie ist die halbe Miete zum Erfolg. Gründliches Kauen ist kein Privileg des Basenfastens, Sie sollten es eigentlich immer tun.

Aber was heißt eigentlich gründlich kauen? Nehmen wir als Beispiel einen dünnen Apfelschnitz, ca. 2 cm dick – diesen sollten Sie mindestens 30-mal kauen. Fortgeschrittene schaffen 60- bis 80-mal! Wenn Sie das schaffen, verbessern Sie damit Ihre

Verdauung – üben Sie also fleißig! Gerade von den tollen Gerichten aus diesem Buch möchte man doch möglichst lange etwas haben, also bieten sie sich wunderbar als »Übungsmaterial« an. Genießen Sie Geschmack, Konsistenz und Aromen ganz ausgiebig und bewusst – Sie werden sehen, dass Sie dadurch ein deutlich intensiveres Geschmacksempfinden bekommen.

Davon abgesehen gibt es zwei ganz essenzielle Dinge, die Sie durch gutes Kauen erreichen: Zum einen beginnt die Verdauung dadurch bereits im Mund. Je länger Sie kauen und damit Ihre Nahrung einspeicheln, umso besser wird sie vorverdaut und umso besser kann sie im Darm weiterverarbeitet werden. Wenn Sie lange und gründlich kauen, werden sich außerdem auch weniger Blähungen entwickeln. Das Zweite, das Sie durch gutes Kauen erreichen, ist, dass Sie automatisch weniger essen werden. Denn richtiges Kauen ist zeitaufwändiger und anstrengender, außerdem macht es schneller satt. Starten Sie mit kleinen Portionen und Sie werden relativ schnell ein Gespür für das richtige Kauen bekommen.

BASENFASTEN – JETZT GEHT'S LOS!

Bevor Sie nun loslegen und in Ihre vielleicht erste Basenfasten-Woche »deluxe« starten, möchte ich Ihnen noch ein paar Tipps an die Hand geben. Als sinnvolle Vorbereitung auf das Basenfasten empfehle ich den Verzicht auf koffeinhaltige Lebensmittel – insbesondere Kaffee, schwarze, grüne oder weiße Tees und Cola – in den drei Tagen vor Beginn Ihrer Kur. Das bewirkt, dass Sie sich dann schon ab dem ersten Basenfasten-Tag wohlfühlen. Wenn Ihnen das zu schwer fällt, dann kann es sein, dass Sie sich in den ersten drei Tagen noch schlapp und antriebslos fühlen, was dann jedoch eine Folge des Koffeinentzugs und NICHT des Basenfastens ist.

Ihr Speiseplan deluxe

Frühstück: Ein basisches Müsli nach Wacker oder ein Smoothie

Mittagessen: Ein bunter Rohkostsalat der Saison, danach eine Gemüsesuppe oder ein Gemüsegericht der Saison

Abendessen: Eine Gemüsesuppe oder Gemüse der Saison

Auf den vorangegangenen Seiten finden Sie jede Menge raffinierte und außergewöhnliche Rezepte für Ihr basisches deluxe-Erlebnis. Und wenn es mal schnell gehen muss, dann zaubern Sie sich einfach aus einigen Kartoffeln und Karotten eine kleine Gemüsepfanne oder essen Sie Pellkartoffeln mit etwas Avocado. Schnelle Rezepte gibt es in all meinen anderen Büchern und auf *www.basenfasten.de*.

Zwischenmahlzeiten? Lieber nicht!

Auf Zwischenmahlzeiten sollten Sie während des Basenfastens eher verzichten. Das gilt besonders dann, wenn Sie ein paar Pfunde loswerden wollen.

Es ist für den Stoffwechsel günstiger, wenn Sie zwischen den Mahlzeiten vier bis fünf Stunden Pause einlegen. Wenn Sie allerdings Diabetiker sind oder aus anderen Gründen zu Unterzuckerung neigen, können Sie kleine Snacks wie Trockenobst oder Nüsse in geringen Mengen zu sich nehmen. Besonders wenn Sie sich sportlich betätigen, sollten Sie etwas Basisches zu knabbern dabeihaben, denn Bewegung senkt den Blutzuckerspiegel.

Wenn Sie es gar nicht aushalten: Sollten Sie zwischen Ihren Mahlzeiten Hunger oder Lust auf Essen verspüren, dann trinken Sie erst einmal ein Glas Wasser oder einen heißen Tee. Erfahrungsgemäß reicht das aus, um das Hungergefühl zu stillen.

Wie geht es nach Basenfasten deluxe weiter?
Basenreich deluxe, natürlich! Doch zunächst einmal möchte ich Ihnen gratulieren! Sie haben es geschafft und eine genussvolle Basenfasten-Kur liegt hinter ihnen. Sicher haben Sie festgestellt, dass diese Woche trotz Verzicht auf einige Lebensmittel ein wunderbares Geschmackserlebnis war! Und mal ehrlich, bei diesen Rezepten haben Sie doch gar nicht gemerkt, dass Sie gerade am Fasten sind, oder? Und ganz nebenbei fühlen Sie sich bestimmt fitter und Ihre Waage zeigt ein paar Kilo weniger an.

Wenn Sie festgestellt haben, dass Sie während der Basenfasten-Kur viele neue Geschmackserlebnisse dazugewonnen haben und diese in Zukunft nicht mehr missen wollen, dann können Sie Ihren Alltag mit der 80/20-Regel basischer gestalten. Wie sieht das aus? Auf Ihren Teller kommen in Zukunft ganz viel Obst und Gemüse und ganz, ganz wenig Fleisch, Wurst, Käse, Kaffee und Süßigkeiten. Ideal wäre es, wenn 80 Prozent dessen, was Sie täglich essen und trinken, in Ihrem Körper Basen bildeten. Die restlichen 20 Prozent dürfen gerne mal Brot, Pasta, Käse, Fleisch, Fisch, Kaffee oder andere Säurebildner sein.

Nach dem Basenfasten dürfen Sie eigentlich alles wieder essen – nur nicht mehr so viel davon. In Ihrem Alltag ist es wichtig, dass Sie den gesunden Basenbildnern – also Obst, Salaten, frischen Kräutern und Gemüse – einen Platz auf Ihrem täglichen Speiseplan einräumen, sodass die Säuren nicht wieder die Oberhand gewinnen. Wenn Sie dieses gesunde Mengenverhältnis von 80 zu 20 einhalten, dann tun Sie damit Ihrem Stoffwechsel und Ihren Organen etwas Gutes.

Es ist jedoch nicht ganz egal, welche Säurebildner Sie verzehren. Ich unterscheide zwischen guten und schlechten Säurebildnern. Wenn Sie täglich die 20 Prozent Säurebildner mit Kaffee, Gummibärchen und Kuchen füllen, dann ist das nicht so ideal. Wenn Sie dagegen 20 Prozent mit den guten Säurebildnern aus Vollkorngetreide oder aus Hülsenfrüchten füllen, dann ist das umso besser. Denn neben den Eigenschaften, Säuren oder Basen zu bilden, spielen auch die Nährstoffe eine wichtige Rolle, und Vollkornbrot enthält unbestreitbar mehr Nährstoffe als eine Tasse Kaffee oder ein Stück Schokolade.

Als gute Säurebildner bezeichne ich diejenigen Lebensmittel, die nur schwache Säurebildner sind und dem Körper nebenbei jede Menge wertvoller Vitalstoffe liefern und wenig stoffwechselbelastende Zusatzstoffe enthalten. Gute Säurebildner haben trotz ihrer Säurewirkung einen großen gesundheitlichen Wert und gehören zu einer gesunden und basenreichen Ernährung dazu. Auf lange Sicht sollten Sie sich mit vielen Basenbildnern und einem 20- bis 30-prozentigen Anteil guter Säurebildner ernähren. Wenn darunter immer mal wieder schlechte Säurebildner rutschen, ist das nicht tragisch, solange sie nicht mengenmäßig überhandnehmen.

Gute Säurebildner:

- Vollkornprodukte,
- Hülsenfrüchte wie Linsen, Bohnen, Mungobohnen, Kircherbsen, Lupinen
- Nüsse: Pinienkerne, Haselnüsse, Cashewkerne, Pecanüsse
- Sojaprodukte
- Spargel, Rosenkohl, Artischocken
- Grüner und weißer Tee

Schlechte Säurebildner:

Wie der Name schon sagt, sind sie für den Organismus ungünstiger als die guten Säurebildner. Unter die schlechten Säurebildner fallen im Wesentlichen die Lebensmittel, die tierisches Eiweiß enthalten, und die belasten nun einmal vor allem die Niere am meisten mit Säure. Das heißt nicht, dass Sie die schlechten Säurebildner vollständig vom Speiseplan streichen sollten. Gehen Sie einfach behutsamer damit um. Wenn Sie zwei- bis dreimal in der Woche Fleisch oder Fisch essen, ist das völlig in Ordnung. Nur der Glaube, man müsse täglich viel Eiweiß essen, um gesund und stark zu bleiben, ist ein Irrtum. Selbst geschmacklich tut es keinem Gericht einen Abbruch, wenn keine Säurebildner darin enthalten sind, wie Sie spätestens nach dieser Kur feststellen werden.

Nahrungsmittel mit tierischem Eiweiß weisen eine stärkere Säurebildung auf als Nahrungsmittel auf pflanzlicher Basis wie Getreideprodukte oder Hülsenfrüchte. Die Auswirkungen auf den Stoffwechsel bei übermäßigem Fleisch- und Fischverzehr sind daher gravierender als bei übermäßigem Verzehr von guten Säurebildnern wie Vollkorngetreide. Wenn Sie in Zukunft darauf achten, den Anteil tierischer Eiweiße und anderer schlechter Säurebildner zu reduzieren, und dafür mehr Obst und Gemüse auf Ihren Teller bringen, werden Sie später merken, dass diese Basenfastenzeit ein guter Anfang in Richtung gesunder Ernährung war. Das Allerbeste: Sie müssen trotzdem nicht auf die schönen Seiten des Lebens verzichten. Wenn Sie in Zukunft Fleisch, Fisch oder Pasta essen möchten (es muss ja nicht gerade fünfmal am Tag sein) und Sie dazu viel Obst, Salat und Gemüse verzehren, wird das Ihr Stoffwechsel locker wegstecken.

Wie setzen Sie das nun in die Tat um?

Eines vorweg: Stressen Sie sich nicht und setzen Sie sich nicht unter Druck, indem Sie nun alle Bücher und das Internet nach Säure-Basen-Tabellen durchforsten, um täglich genau die 80/20-Regel einhalten zu können. Denn jeder kleine Basenbildner, den Sie von nun an verzehren, bringt Sie ein kleines Stück weiter in Richtung gesunde Ernährung.

Machen Sie es wie bereits in Ihrer Basenfasten-Kur und setzen Sie den Genuss an die erste Stelle. Versuchen Sie im Alltag trotz wenig Zeit und manchmal auch Muße, auf gesunde Alternativen zurückzugreifen. Seien Sie aufgeschlossen für neue Gemüse- oder Obstsorten und verwenden Sie diese beim Kochen – so kann in Ihrem Alltag weiterhin das »deluxe-Feeling« erhalten bleiben. Und natürlich können Sie jederzeit auf Rezepte aus diesem Buch zurückgreifen und sich das besondere »Basen-Feeling« in die Küche holen.

Machen Sie jeden Tag diesen kleinen Check:
- Woher erhalte ich heute mein tägliches Obst und Gemüse?
- Wann und wo baue ich heute meine Bewegung ein?
- Wie komme ich zu ausreichender Erholung?

Und wenn Ihre Ernährungs- und Lebensweise doch mal wieder aus den Fugen gerät, dann hilft oft schon ein rein basischer Tag zwischendurch, um die Säuren wieder in den Griff zu bekommen.

Wenn Sie dabeibleiben, werden Sie vermutlich schnell zu schätzen lernen, wie unkompliziert und schnell die basische Küche ist. Statt sich nach der Arbeit schnell eine Pizza zu ordern, steht Ihnen nun der Sinn vielleicht viel eher nach einem frischen Salat, mit Kresse verfeinert, oder einer Variation von Gemüse der Saison. So geht es mir jedenfalls. Mehr basenreiche Rezeptideen und viele Tipps für ein basenreiches Leben finden Sie in meinem Buch »Meine basische Küche«.

Glossar

Sicher sind Ihnen bei den »deluxe«-Rezepten einige Zutaten begegnet, die Ihnen aus der Alltagsküche nicht bekannt sind. Wir stellen sie nachfolgend noch einmal alle kurz vor. Und da diese außergewöhnlichen Produkte – zugegeben – nicht immer ganz einfach zu bekommen sind, finden Sie hier auch Alternativen dazu, mit denen Sie die Rezepte sehr gut variieren können.

Ackersenf ist eine wildwachsende Form der Senfpflanze mit leuchtend gelben Blüten. Sein Geschmack ist ziemlich scharf und rettichartig, wobei die Schärfe beim Kochen verloren geht.
Alternative: Raps – vom Feld

Ackerveilchen: Ob gelb, gelb-violett oder gelb-weiß: Die Blüten des Ackerveilchens, sind wunderschöne Farbtupfer auf unseren Wiesen. Die Blütezeit des »wilden Stiefmütterchens«, wie es auch genannt wird, reicht vom Mai bis in den September hinein.
Alternative: Eine beliebige andere Blüte, die gerade verfügbar und essbar ist – beispielsweise der blaue Borretsch oder das Gänseblümchen.

Affilla-Kresse: Die Affila-Kresse stammt ursprünglich aus China. Ihr zarter Geschmack ist dem von Zuckererbsen sehr ähnlich, dadurch ist sie in Gerichten ein ausgezeichneter Erbsenersatz.
Alternative: Erbsensprossen, selbst gezogen oder aus dem Naturkostladen

African-Blue-Basilikum, auch Afrikanisches Basilikum oder Kilimandscharo-Basilikum genannt, ist ein rot-grünes ostafrikanisches Strauchbasilikum. Es hat einen recht intensiven Geschmack, der leicht an Kampfer erinnert.
Im Supermarkt erhalten Sie die etwas mildere italienische Alternative unter dem Namen »Genoveser Basilikum«.

Agavendicksaft, aus dem sogenannten Harz von Agaven gewonnen, ist ein wunderbares Süßungsmittel und ein idealer Ersatz für Zucker oder Honig. Je dunkler der Agavendicksaft ist, umso kräftiger ist sein Karamellgeschmack. Bitte keinen Agavensirup verwenden, da hier der Saft durch die Erhitzung zu stark chemisch verändert wird. Agavendicksaft gibt es in jedem Bioladen und Reformhaus.

Arganöl ist eine wahre Delikatesse. Das kostbare Öl wird ausschließlich im Südwesten Marokkos aus dem Kern der Früchte des Arganbaums gewonnen. Es schmeckt nussig und leicht rauchig und erinnert an Moschus. Arganöl erhalten Sie im Feinkostladen oder im Internet.
Alternative: Walnussöl oder Haselnussöl

Babyleaf-Salat: Bei diesem feinen jungen Pflücksalat handelt es sich um ähnliche Salatsorten wie beim typischen Schnittsalat. Die Ernte erfolgt im zarten Alter von nur vier Wochen. Die kleinen Salate sehen

wunderschön aus und schmecken köstlich. Je nach Saison kommen Roter Mangold, Roter Senf, Mizuna, Spinat, Tatsoi oder Batavia zum Einsatz.
Alternative: Pflücksalat vom Wochenmarkt

Borretschblüten: Die Blüten des Borretsch, wunderschön blau und sternenförmig, erinnern in Geruch und Geschmack an Gurken. Denselben Geschmack haben auch die fleischigen Blätter, die reich an Vitaminen und Mineralstoffen sind. Borretschblüten finden Sie im gutsortierten Gemüsehandel oder in Bio-Online-Handel.
Alternative: Jede andere essbare Blüte – beispielsweise Gänseblümchen aus dem Garten

Bronzefenchel ist ein Gewürzfenchel mit den gleichen wertvollen Inhaltsstoffen wie sein grüner Verwandter. Beim Bronzefenchel sind die Blätter dunkelbraun-rötlich gefärbt. Auch die Blüten haben starke Ähnlichkeit mit jenen des Dills. Im Gegensatz zum normalen Fenchel, der manchmal leicht metallisch schmeckt, haben die jungen Blätter des Bronzefenchels ein schönes, warmes Anisaroma.
Alternative: Fenchelkraut oder Dill

Bucheckern, die Früchte der Rotbuche, können Sie ab September beim Waldspaziergang selbst sammeln. Geröstet haben sie ein schön nussiges Aroma. Sie enthalten Calcium, Eisen, Vitamin B_6 und C.
Alternative: Zedernkerne oder Pistazien

Castelfranco: Der Castelfranco, wegen seines exotischen Aussehens auch »Orchideensalat« genannt, sieht aus wie ein Kopfsalat, jedoch sind seine Blätter beige-weiß mit weinroter Sprenkelung. Unter den Radicchiosorten ist er eindeutig der mildeste, hat aber dennoch ein recht kräftiges Aroma und einen festen Biss. Castelfranco ist von Ende September bis Mitte April auf dem Markt zu haben.
Alternative: Radicchio

Chia-Samen: Die Chia-Samen stammen aus Zentral- und Südamerika, dort dienten sie bereits den Maya als wertvoller Energielieferant. Fügt man den Chia-Samen etwas Wasser hinzu, verändern sie ihre Konsistenz und werden zu einem Gel. Damit lassen sich vielfältige Speisen wie z. B. Chia-Pudding zubereiten. Chia-Samen sorgen wegen ihrer starken Saugfähigkeit für ein langanhaltendes Sättigungsgefühl. Sie liefern im Schnitt doppelt so viel Eiweiß wie andere Samen oder Getreidesorten – ihr Calcium-Gehalt übertrifft den von Milch um das Fünffache.
Alternative: Ein Pudding ist auch mit Agar-Agar möglich, hat aber längst nicht den Nährwert wie Chia-Samen.

Chioggia-Bete gehört zu den roten Rüben und stammt, wie der Name schon andeutet, aus Chioggia in Italien. Sie wird auch »Ringelrübe« genannt, wegen der hübschen rot-weißen Ringel, die beim

Aufschneiden sichtbar werden. Das Gemüse ist besonders zart und hat ein sehr feines, süßliches Aroma, nicht den typisch erdigen Rote-Bete-Geschmack.
Alternative: Rote Bete

Cubio: Die Cubio wird bei uns auch Zimtkartoffel genannt. Wie die Kartoffel wächst sie unter der Erde, gehört ansonsten aber zur Familie der Kapuzinerkresse-Gewächse. Im Geschmack erinnert sie roh eher an Kresse, mit einer leicht scharfen Meerrettichnote. Nach dem Kochen nimmt sie einen nussig-süßlichen Geschmack an.
Alternative: am ehesten Sellerie

Cucuzze ist der italienische Name für große, keulenförmige Zucchini, die auch mal bis zu 80 cm lang werden können. Besonders in der sizilianischen Küche ist dieses milde und schmackhafte Gemüse sehr beliebt.
Alternative: heimische Zucchini

Curry Madrocas: Eine tolle Gewürzzubereitung mit einer dezenten, fruchtigen Schärfe. Sie besteht aus vielerlei Zutaten wie Kurkuma, Koriander, Ingwer, Paprika, Bockshornklee, Kümmel, Zwiebel, Knoblauch, Muskatnuss, Galant, Fenchel, Piment, Rosmarin, Zimt, Chili, Kreuzkümmel und Nelken.
Alternative: selbst mischen

Eiskraut (auch Kristallkraut) verdankt seinen Namen nicht seiner südafrikanischen Herkunft, sondern den mit wassergefüllten Bläschen besetzten Blättern und Stängeln, die wie bizarr vereist aussehen, wenn sie das Sonnenlicht reflektieren. Das Gemüse schmeckt ähnlich wie Spinat, mit einer herrlich frischen, säuerlich-salzigen Note, und ist von April bis September erhältlich.
Alternative: Portulak

Enoki: Der Enokipilz, auch Samtfußrübling genannt, ist ein zarter weißer Pilz mit einem kleinen Kopf und einem langen Stiel. Er hat ein herrlich leicht nussiges Aroma. Da er aus Japan kommt, ist er in meist Asialäden erhältlich. Saison hat er von September bis in den April.
Alternative: Kräuterseitlinge oder Austernpilze

Erbsensprossen können Sie ganz einfach aus Erbsenkeimen auf der Fensterbank züchten. Sie enthalten viel Protein, Vitamine und Mineralien.
Alternative: milde Linsenkeimlinge

Erdmandeln, auch Tigernüsse oder Chufas genannt, sind die Wurzelknollen eines tropischen Grases. Die Flocken besitzen eine angenehme Natursüße und erinnern an Mandeln. Sie sind ein ausgezeichneter Ersatz für Getreideflocken, eignen sich sehr gut zum Binden von Flüssigkeiten und sind im Bioladen erhältlich.

Farnsprossen sind die ersten Triebe des Farns, die noch eingerollt sind – man nennt sie daher auch Geigenköpfe oder Fiddleheads. Sie sind überall im Wald zu finden – es gibt sie allerdings nur für eine kurze Zeit – drei Wochen im April – je nach Klimazone.
Alternative: Zuckerschoten

Gartenmelde: Die Gartenmelde, auch Spanischer Salat oder Spanischer Spinat genannt, war schon bei den alten Griechen und Römern als Gemüse hochgeschätzt. Man erkennt die Gartenmelde an den bis zu 2 m hoch wachsenden Stängeln und den dreieckigen, blaugrünlich oder auch rot gefärbten Blättern, die geschmacklich denen von Spinat ähneln, aber milder und weniger bitter sind.
Alternative: Babyspinat

Gerstengraspulver hat einen sehr intensiven Geschmack, der ein bisschen an Spinat erinnert. Ein tolles Mittel zum Entsäuern und Entschlacken, das aus den äußerst schonend getrockneten und pulverisierten jungen Blättern der Gerstenpflanze gewonnen wird. Seine Vitalstoffdichte ist nahezu einzigartig.

Goji-Beeren: Die kleine rote Frucht stammt ursprünglich aus dem asiatischen Raum und ist bei uns auch bekannt unter dem Namen Bockshornbeere. Sie bekommen Sie am ehesten in getrockneter Form im Online-Versandhandel oder im Bioladen.

Goji-Beeren sehen aus wie getrocknete Rosinen, schmecken jedoch eine Spur säuerlicher. Durch die Lufttrocknung behalten die Beeren ihre reichhaltigen Nährstoffe.

Hanfsamenmehl, aus den gepressten Samenrückständen der Hanfpflanze gewonnen, verleiht den Speisen eine nussige Geschmacksnote und ist besonders reich an Proteinen. Sie finden es im Bioladen oder Reformhaus.

Haselnussgrieß besteht aus grob gehackten, ungeschälten Haselnüssen, die geröstet ein besonders intensives Nussaroma haben. Erhältlich ist er im Feinkostladen.
Alternative: selbst machen

Hirschkolbensumach, siehe Sumach

Jaipur Curry: Diese feine Komposition verschiedenster Gewürze wie z. B. Bockshornkleesaat, Chili, Ingwer, Korianderkörner, Kurkuma, Kreuzkümmel, Kardamomsaat, Senfsaat, Macis, Galgant und Zimtblüten verleiht asiatischen Gerichten die nötige dezente Schärfe.
Alternative: selbst mischen

Kakaobutter: Anders, als man vielleicht vermuten würde, ist Kakaobutter ein sehr helles aromatisches Fett, das aus den Kakaobohnen gewonnen wird. Es ist nicht nur eine exzellente Energiequelle, sondern hat vor allem ein herrliches Schokoladenaroma.

Kaki: Die leuchtend orangerote Frucht schmeckt wunderbar süß, erinnert im Geschmack ein wenig an Aprikose mit einem Hauch von Vanille. Kaki zählt in ihrem Herkunftsland Japan zu den beliebtesten Früchten. Sie ist bei uns das ganze Jahr über zu bekommen.
Alternative: Datteln oder Feigen

Kaktusfeige: Die Kaktusfeige verbirgt unter ihrer stacheligen Schale eine kulinarische Überraschung: Angenehm süß-säuerliches Fruchtfleisch, das geschmacklich am ehesten einer Mischung aus Melone und Birne ähnelt. Die Samen der Tropenfrucht können Sie bedenkenlos mitessen. Kaktusfeigen sind zu jeder Jahreszeit bei uns erhältlich.
Alternative: Datteln oder Feigen

Kapernäpfel, auch Kapernbeeren genannt, sind die unreifen Früchte des Kapernstrauches. Man erkennt sie an ihrer zwetschgenartigen Form und ihrem langen Stiel. Im Geschmack sind sie milder und salziger als Kapern. Kapernäpfel gibt es überall zu kaufen – bitte keine in Essig eingelegten verwenden.

Knollenziest: Dieses knollig daherkommende Gemüse aus Japan und China erinnert im Aussehen an ein Michelinmännchen, ähnelt im Geschmack am ehesten der Schwarzwurzel oder auch der Artischocke. Saison hat die »Japanische Kartoffel« den ganzen Winter über.
Alternative: Topinambur, kleine Kerbelknollen oder Petersilienwurzel

Kokosmus schmeckt herrlich nach Urlaub in den Tropen. Es besteht aus dem Fruchtfleisch erntefrischer Kokosnüsse, die schonend vermahlen werden. So bleiben alle wertvollen Vitamine, Eiweiße, Ballaststoffe und Kohlenhydrate der Pflanze erhalten – ein wahrer Immunbooster!

Kombu, auch Kelp genannt, ist eine Braunalge, die vom Meeresgrund geerntet wird. Ihren mild-süßlich bis kräftigen Geschmack verdankt sie ihrer Herkunft aus klaren, kalten Gewässern. Frisch können Sie Kombu manchmal beim Fischhändler bekommen, sonst in getrockneter Form im Bio- oder Asialaden.

Konjak-Nudeln werden aus dem Mehl der Konjakwurzel (Teufelszunge) hergestellt. Gekocht haben sie immer noch einen leichten Biss. Die glutenfreien Nudeln sind absolut geschmacksneutral und daher ideal, um die Aromen der anderen Zutaten in sich aufzunehmen. Sie bekommen sie im Asialaden.
Alternative: aus Pastinaken gehobelte Spaghetti

Kräuterseitlinge sind Zuchtpilze mit fester Konsistenz und kräftigem Aroma – eine wunderbare Alternative zu dem eher seltenen Steinpilz. Aufgrund ihres hohen Eiweißgehalts sind sie ein wertvoller Fleischersatz, was sie besonders für Vegetarier und Veganer interessant macht. Sie erhalten die Pilze ganzjährig beim Gemüsehändler.

Löffelkraut: Die Blätter des Löffelkrauts sehen tatsächlich wie kleine Löffel aus – ihnen verdankt die Pflanze ihren Namen. Der kräftige, scharf-würzige Geschmack der Vitamin-C-reichen Pflanze ähnelt dem der Brunnenkresse. In der Küche kommen die frischen Löffelkrautblätter zum Einsatz. Ernte ist das ganze Jahr über.
Alternative: Estragon

Lotuswurzel: Hier handelt es sich um die Wurzel der Lotusblume, eines Seerosengewächses. Die Lotuswurzel hat ein mild-süßliches, kartoffelähnliches Aroma und besticht, in Scheiben geschnitten, durch ihr hübsches Lochmuster in Blütenform. Im Online-Handel ist es frisch zu bekommen, im Asialaden getrocknet oder in Dosen.

Macisblüte: Als Macisblüte bezeichnet man die Ummantelung der Muskatnuss. Sie schmeckt wesentlich milder als die Muskatnuss und hat ein wunderbar balsamisch-herbes Aroma mit einem Hauch von Zitrone, durch das sich jedes Gericht wunderbar verfeinern lässt. Im Online-Handel am leichtesten zu bekommen.

Malve: Die Malve ist mit ihren hübschen hellroten oder violetten Blüten ein wahrer Blickfang auf dem Salatteller. Die essbaren jungen Blätter und Blüten haben ein mildes Aroma. Ernte- bzw. Sammelzeit der Malve ist zwischen Juli und August.
Alternative: andere essbare Blütenblätter aus dem Garten oder vom Wochenmarkt

Marokkanische Minze besitzt feinere und weichere grüne Blätter und ist milder im Geschmack als die hierzulande verwendete Pfefferminze. Marrokanische Minze finden Sie häufig in türkischen oder arabischen Lebensmittelmärkten.
Alternative: Pfefferminze

Mojitominze: Diese Minzart ist wegen ihres milden Geschmacks sehr beliebt, sie ist weniger scharf als unsere heimische Pfefferminze. Die Mojitominze wächst am Küchenfenster ebenso wie im Garten. Sie bekommen sie im Sommer aber auch auf dem Wochenmarkt.
Alternative: Pfefferminze

Morcheln/Spitzmorcheln: Über das Aussehen dieser Edelpilze mit den kegelförmigen, schwammartigen Hüten mag man geteilter Meinung sein – kulinarisch sind sie ein echtes Highlight. Mit ihrem leicht erdigen, nussigen Aroma sind sie ganz entfernt dem Trüffel ähnlich. Die Saison für Morcheln beginnt etwa, je nach Wetterlage, im April und geht bis in den Frühsommer hinein. Wenn Sie sie nicht selber sammeln, werden Sie auch im gut sortierten Supermarkt fündig.

Navette: Dieses weiße Rübchen, auch Mairübe genannt, erinnert im Geschmack an eine zarte Mischung aus Radieschen und Kohlrabi. Sie bekommen die Navette hauptsächlich von Mai bis Juni auf den Wochenmärkten oder in gut sortierten Supermärkten.
Alternative: Kohlrabi

Nori-Algenblätter werden getrocknet und geröstet bei uns im Handel angeboten. Sie stammen hauptsächlich von den Küsten Japans und sind bei uns im Asialaden ganzjährig erhältlich.

Ochsenherztomate: Das Schwergewicht unter den Tomaten überzeugt durch seine Größe ebenso wie durch sein wunderbar süßes Aroma. In der Form erinnert sie tatsächlich an ein Ochsenherz. Sie bekommen das Gemüse am ehesten beim italienischen Feinkosthändler.
Alternative: andere Fleischtomaten

Okra, auch unter dem schönen Namen Ladyfinger oder Gemüse-Eibisch bekannt, ist die Frucht eines Eibischbaumes. Die meist grünen Schoten kommen besonders in der marokkanischen, indischen und kreolischen Küche zum Einsatz. Der »Saft« der Okra

entwickelt beim Kochen eine hohe gelatineartige Bindekraft. Okra schmeckt wunderbar mild bis säuerlich-pikant. Sie bekommen sie das ganze Jahr über in Asialäden oder auch im türkischen Supermarkt.

Pak Choi, auch »chinesischer Senfkohl« genannt, ist eine in vielen asiatischen Ländern beliebte und sehr milde Kohlart. Äußerlich ist Pak Choi dem Mangold ähnlich, im Geschmack ähnelt er entfernt dem Chinakohl. Pak Choi, auch der zarte Baby-Pak-Choi, ist bei uns ganzjährig erhältlich.
Alternative: Chinakohl

Passe-Pierre-Algen wecken mit ihrem salzig-pfeffrigen Aroma Erinnerungen an den letzten Urlaub am Atlantik. Man kennt sie auch unter dem Namen Meerfenchel, Meeresspargel oder Salicornes (in Frankreich). Im Fischladen sind sie meist zu finden.
Alternative: ganz feine grüne Bohnen

Patisson: Der Patisson ist ein kleiner Kürbis, dessen ungewöhnliche Form an ein UFO erinnert. Im Geschmack ähnelt der Baby Patisson anderen Sommerkürbissen, etwa der Zucchini.
Alternative: kleine Zucchini

Perlzwiebeln entfalten vor allem gekocht einen tollen Geschmack, da sie deutlich milder sind als ihre großen Verwandten, die Küchenzwiebeln. Da sie nach der Ernte nur sehr kurze Zeit haltbar sind,

werden sie bei uns meist eingelegt in Supermärkten angeboten.
Alternative: das Weiße von der Frühlingszwiebel

Pimientos de Padrón sind kleine grüne Paprikaschoten aus Spanien, die unreif geerntet werden und einen milden bis intensiv scharfen Geschmack haben können. Sie sind Namensgeber der in ganz Spanien bekannten Tapas-Spezialität. Sie erhalten die Schoten bei uns häufig unter dem Namen »Bratpaprika« im Supermarkt.
Alternative: kleine grüne Paprika

Pimpernelle ist ein mild-würziges Salatkraut, das wunderbar frisch und nussartig schmeckt und leicht nach Gurken duftet. Pimpernelle gibt es auf Wochenmärkten – kann auch gut im Topf auf dem Balkon gehalten werden.

Pom Pom blanc: Dieser exotische Pilz wird in China als Delikatesse sehr geschätzt. Wegen seines Aussehens heißt er auch »Affenkopfpilz« oder »Igelstachelbart«. Im Geschmack erinnert er an Geflügelfleisch mit einer leicht fruchtigen Note von Zitronengras und Kokos. Es gibt ihn ganzjährig in gut sortierten Geschäften oder auf dem Wochenmarkt.
Alternative: Kräuterseitling

Red Dhofar: Die exklusive arabische Gewürzzubereitung vereint feurige Schärfe mit dezent-fruchtiger

Säure und blumigen Noten. Sie besteht u.a. aus Chillies, brasilianischem Pfeffer, Sumach, Mohn, Paprika, Knoblauch, Gemüse-Obstkonzentrat, Koriander, Kardamom, Zitronensaftpulver, Safran, Kreuzkümmel und Gewürzölen.
Alternative: selbst mischen

Rock Chives, eine Art Schnittlauch, schmeckt ganz mild nach Knoblauch und sieht mit seinen dunklen Samen am Ende Stiele sehr dekorativ aus. Die Samen können Sie ganzjährig selbst auf der Fensterbank heranziehen.
Alternative: Schnittlauchspitzen

Sakura-Mix-Kresse ist eine Mischung mehrerer Kressesorten mit unterschiedlichen Geschmacksnoten. Die Sakura-Kresse z. B. schmeckt schön scharf nach Rettich oder Radieschen und setzt durch ihre tiefrote Farbe besondere Akzente. Sie bekommen sie im Online-Handel.
Alternative: Rock Chives oder einfach Gartenkresse

San-Marzano-Tomaten sind Flaschentomaten aus Italien. Wegen ihres intensiven und herrlich fruchtigen Aromas werden sie nicht nur dort sehr geschätzt.

Sauerampfer: Der wild wachsende Sauerampfer ist von Mai bis August auf unseren Wiesen zu finden. Gepflückt werden die zarten, säuerlich schmeckenden Blätter der Pflanze vor der Blüte von April bis Mai. In der jeweiligen Saison ist Sauerampfer auch auf dem Markt erhältlich.

Senfmehl besteht aus gemahlenen braunen oder gelben Senfkörnern, die schön scharf nach Meerrettich schmecken.

Stängelkohl, auch Cima di Rapa oder Broccoletti genannt, schmeckt wunderbar würzig und intensiv. Frischer Stängelkohl hat feste Stiele, hellgrüne kleine Röschen und dunkle, feste Blätter. Sie finden ihn in italienischen Feinkostläden von Oktober bis Juni. Alternative: junger Brokkoli

Steviakresse (auch Honigkresse) wird aus der Steviasaat gezogen. Ihr süßlicher Geschmack erinnert an Lakritze. Stevia wird auch Honigkraut genannt.
Als Alternative können Sie Kresse und Agavendicksaft verwenden.

Sumach sind die getrockneten und gemahlenen roten Beeren des Sumachstrauchs oder Essigbaums (eines Verwandten des Hirschkolbensumach), die vor allem in der orientalischen Küche Verwendung finden. Mit seiner fruchtig-säuerlich herben Note ist Sumach eine schöne Alternative zu Essig oder Zitronensaft und rosa Pfeffer. Das Gewürz erhalten Sie in türkischen Läden, manchmal auch in Gewürzläden.

Tartufata ist eine feine küchenfertige Sauce aus Olivenöl, Trüffelöl, Trüffel- und Champignonstücken, die im Feinkostladen angeboten wird. Ein Klassiker der italienischen Gourmetküche!

Weiße Taubnessel: Sie ähnelt stark der Brennnessel, unterscheidet sich von ihr jedoch durch seine weißen Blüten und beim Anfassen der Blätter kann man sich nicht verbrennen. Die Blätter der Taubnessel schmecken leicht nach Champignons. Die Blättchen und Blüten können von März bis Mai und im September/Oktober erneut geerntet werden.

Thai-Basilikum sieht auf den ersten Blick aus wie das klassische Basilikum, seine Stängel sind jedoch dunkelrot, die Blätter sehr fest und platt. Thai-Basilikum duftet nach Anis und schmeckt sehr intensiv, je nach Sorte mal erfrischend säuerlich nach Zitrone oder eher pfeffrig.

Topinambur, auch bekannt als Erdartischocke, Erdbirne oder Rosskartoffel, ist eine wunderbare, leicht süßlich schmeckende Alternative zur Kartoffel. Die Knolle erinnert optisch an eine Ingwerknolle und zählt zu den kaliumreichsten Gemüsearten. Topinambur wird von Oktober bis März geerntet und ist im Bioladen meist erhältlich.

Urkarotte: Sie besticht vor allem durch ihre violette Farbe. Sie enthält noch mehr gesundes Beta-Carotin als ihre jüngere Schwester und hat ein sehr kräftiges, süßes Aroma. Man muss nur ein wenig aufpassen, da die Urkarotten färben. Mit Wasser sind Hände, Bretter, Messer und Kleidung aber wieder leicht zu reinigen. Sie finden das Wurzelgemüse in gut sortierten Gemüseläden und manchmal auch auf dem Wochenmarkt.

Weißes Mandelmus wird aus geschälten Süßmandeln hergestellt, die mit Wasserdampf schonend blanchiert und gemahlen werden. Mandelmus ist super gesund, schmeckt angenehm mild und lieblich und ist in jedem Bioladen erhältlich.

Wildspargel, auch Waldspargel oder Pyrenäen-Milchstern genannt, stammt ursprünglich aus Frankreich. Dieser im Geschmack herrlich würzige und aromatische Spargel ist besonders in der mediterranen Küche sehr beliebt. Die Stangen sind hellgrün und dünner als Grünspargel und die Köpfe mit den noch geschlossenen Blütenknospen sehen traubenförmig aus. Die Zubereitung ist mühelos, denn Wildspargel muss nicht geschält werden.
Alternative: grüner Spargel

Winterportulak ist in der kalten Jahreszeit ein toller Vitaminlieferant: Er ist besonders reich an Vitamin C, Calcium und Eisen. Noch dazu kann der Winterportulak mit einer besonderen Eigenschaft auftrumpfen: Im Vergleich zum Feldsalat enthält er nur eine sehr geringe Menge des unerwünschten Nitrats, das gerade bei Salat im Winter unter der Einwirkung geringer Tageslichtmengen ein Problem darstellt. Optisch entfernt dem Feldsalat ähnlich, erinnern die dickfleischigen, saftigen Blätter im Geschmack eher an Spinat. Das Gemüse gibt es von November bis April auf Wochenmärkten und im Naturkostladen.

Register

Liebe Leserin, lieber Leser,

hat Ihnen dieses Buch weitergeholfen? Für An-
regungen, Kritik, aber auch für Lob sind wir of-
fen. So können wir in Zukunft noch besser auf
Ihre Wünsche eingehen. Schreiben Sie uns,
denn Ihre Meinung zählt!

Ihr TRIAS Verlag

E-Mail-Leserservice
kundenservice@trias-verlag.de

Lektorat TRIAS Verlag
Postfach 30 05 04
70445 Stuttgart

Fax: 0711 89 31-748

Bibliografische Information der Deutschen Nationalbibliothek
Die Deutsche Nationalbibliothek verzeichnet diese Publikation in der Deutschen Nationalbibliografie; detaillierte bibliografische Daten sind im Internet über http://dnb.d-nb.de abrufbar.

Programmplanung: Uta Spieldiener
Redaktion: Annette Barth, Hamburg
Bildredaktion: Christoph Frick

Covergestaltung und Layoutkonzept:
Gramisci Editorialdesign, München

Umschlagfoto und alle Rezeptbilder:
Meike Bergmann, Berlin
Foodstyling: Caroline Franke
Fotos im Innenteil: S. 15: plainpicture/Baertels; S. 45: plainpicture/Fabrice Arfaras; S. 50: plainpicture/Diehl; S. 75: plainpicture/Hanka Steidle; S. 103: plainpicture/Anja Weber-Decker

1. Auflage

© 2015 TRIAS Verlag in MVS Medizinverlage Stuttgart GmbH & Co. KG
Oswald-Hesse-Straße 50, 70469 Stuttgart

Printed in Germany

Satz: Fotosatz Buck, Kumhausen
Repro: ludwig : media, Zell am See (Österreich)
Gesetzt in: Adobe InDesign CS6
Druck: Aprinta Druck GmbH, Wemding

Gedruckt auf chlorfrei gebleichtem Papier

ISBN 978-3-8304-8247-5

Auch erhältlich als E-Book:
eISBN (PDF)   978-3-8304-8248-2
eISBN (ePub)   978-3-8304-8249-9

1 2 3 4 5 6

Besuchen Sie uns auf facebook!
www.facebook.com/
trias.tut.mir.gut